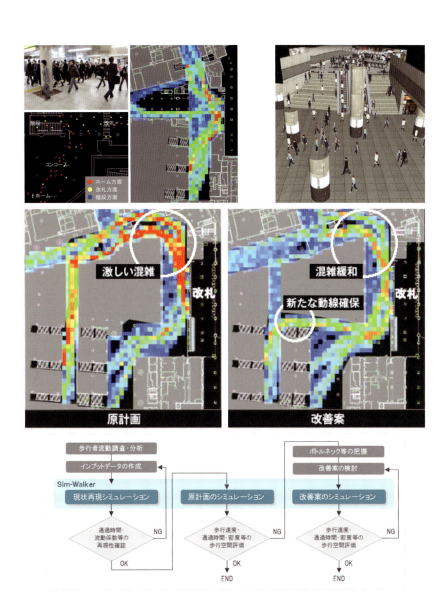

図2.13 鹿島の歩行者シミュレーションシステム "Sim-Walker[R]"
駅の改良工事を念頭に，現在の駅構内の歩行状況（歩行者流動調査の結果）に基づき，工事施工中の歩行空間の安全性・円滑性を予測できる．不特定多数の駅の利用者の歩行者挙動を動的に再現する予測システムも，ビッグデータ活用の一例である．［鹿島ホームページ（http://www.kajima.co.jp/tech/c_railway/analysis/index.html）より許諾を得て転載］

図 2.25　ロゴ Q

　QR コードをベースとしながらも，太陽光を分解してコード化して，カラー化や視認性のよさを実現した．イラストなども情報として入れられる．筆者の研究室では A・T コミュニケーションズ株式会社と共同研究をしている．

図 2.26　フラッグ QR

　国旗のコードをスマートフォンで読み取ると，その国の母国語で案内が流れる．クロスカルチュラル・コンピューティングの代表例である．駅を基点とした観光案内や駅の構内案内などに使用できて応用範囲も広い．筆者と共同研究を行なっている A・T コミュニケーションズが事業化している．

図 2.40　買物支援のシステム

　商品と個数を指定したロゴ Q をスマートフォンで読み取るだけで，事前登録のクレジットカードで決済でき，商品を発注できる．このパンフを外国語にすれば，外国人の買物支援にも効果的であり，このシステムを応用することで鉄道の列車やバスなどのチケットもペーパーレスで簡単に購入することができる．筆者と A・T コミュニケーションズ社が開発しているもの．

交通サービスの革新と都市生活
行動の意思決定を有効に支援する技術

西山敏樹 著

慶應義塾大学出版会

はじめに

　世は，第3次AIブームである。念のために，AIは英語でいうArtificial Intelligenceであり，人工知能のことである。人工的にコンピュータ上などで人間と同様の知能を実現させようというさまざまな試みをいう。将棋や囲碁，チェスなどで，AIが人間に勝利する事例も出てきている。そうしたエンタテイメント分野の話よりも注目すべきは，都市生活にAIが本格的に入り込んでくる時代がそう遠くなさそうなことである。たとえば最近は，病院や店頭にロボットが置かれて受付案内や窓口機能を果たし，コミュニケーションもとれる。コールセンターの自動対応も可能になっている。最近のAI進化の真骨頂は，コンピュータ自身が勝手にルールを学べる技術，すなわち「機械学習」である。

　大量データから自分で物事を分類するルールを見つけだす「ディープラーニング（深層学習）」の技術革新のおかげで，人工知能の能力が飛躍的に進化して実用レベルに達しそうだ，という予感が第3次AIブームにつながっているといってよい。交通分野でいえば，個人の嗜好や行動の特徴などに応じたサービスの提案をAIが支援できるようになる。また，危険状況に応じた安全行動の意思決定支援も可能になるはずだし，自動運転の運行間隔の適切な調整なども可能になり，安全実現とも密接にかかわる。要は，これまで人間が対応せざるをえなかった多様な場面でAIの活用が想定されはじめており，効果的で効率的な交通環境での意思決定が可能となる。

　もう一つのブームが，IoT（Internet of Things）である。この言葉も聞かない日がない。Internet of Thingsゆえに，日本ではしばしば「モノのインターネット」とも紹介される。IoTとは，さまざまなモノがインターネットに接続され，モノどうしがつながり，情報交換・相互作用することで，われわれの生活が効果的に支援されることをさす。たとえば，「エアコンが動きっぱなしだと発信し，その情報が自分のスマートフォンに届く」，「植物が水を欲しいときに家人へ電子メールを出す」などということが普通になり，人々の意思決定の支援にもつながっている。交通分野でいえば，たとえばさまざまな設備にセンサを取り付

けることで，橋の老朽化の状況や直してほしいという悲鳴をインターネット経由で適切に把握することも可能となる。普及しつつある電気自動車の電池の劣化状況について，インターネットを介して把握することも可能である。そうした修繕の適切な意思決定をはじめとしてIoTも交通分野でのさまざまな意思決定を支援することなどにたいへん有効である。

高齢化時代を背景に時代は確実に，マスから個へ，また量から質へと変化している。交通のサービスも，重厚長大から，AIやIoTなどの情報技術の進展で軽薄短小すなわち効率的かつ効果的なものとなり，乗客個人，また個々の運行者レベルでの行動を支援できるようになりつつある。筆者はこの20年間，交通運輸情報の研究に携わってきたが，20年前のウェアラブルコンピューティング（コンピュータを身につけること）がスマートフォンを身につける今の社会そのものにつながったし，SuicaのようなICカードで生活行動が変容することも予想してきた。筆者が大学院生であった1998年当時は，本当にそういう世の中になるのか，半信半疑で議論をしていた。しかし，議論は本当になっている。

大切なことは，世のニーズや動向を知り，技術の動向を把握して，どのような未来社会にしていくか，その像を描くことである。描けば必ずその社会は実現する。本書では，そうした交通サービスの革新と都市生活に与える効果を把握し，未来に向けてどうサービスと都市生活を変容させられるのか，わかりやすく解説する。そして，みなさんも考える素地を提供し，一緒に未来の交通サービスを描ければと思っている。そのヒントや考え方を熟知してもらうことが筆者の目標である。

本書が目指すもの

近年，日本国内にもサービス学会が組織され，サービス学の国際会議も開催されるようになった。サービスのあり方そのものを，技術，制度，価値観の3つの角度から多面的に研究する学問融合領域として，サービス学が新しい学問として成立しつつある。その重要な一角として，都市交通分野のサービスイノベーションがある。都市交通は今まで重厚長大なインフラストラクチャー分野として捉えられてきた。しかし，交通運輸情報をはじめとした技術革新で，よ

い意味で軽薄短小なサービス分野として捉えられるようになっている。こうした流れも受け，都市交通のサービス革新の方向を本書で解説する。技術革新で，交通の運行者と利用者の行動意思決定がどのように支援されて変容するかを描き，そうした技術の導入で未来の都市生活シーンの姿を追究する内容とする。

あわせて，近年のインフラストラクチャー整備の政策的な方向性が量から質の重視に，集団から個人の重視にシフトしており，その志向は公共交通分野にも反映されている。鉄道であれば，JR 九州「ななつ星」，JR 西日本「瑞風」，JR 東日本「四季島」のような豪華クルージング列車の運行が流行しているし，通勤車輌を援用してラッシュ時に走らせる有料着席保証列も都市部を中心に流行している。バスであれば，両備バスや関東バスが東京 − 大阪間に走らせている「ドリームスリーパー」のような個室式高速バスが注目を集めている。まさしく，従来の大量輸送重視の時代では考えられなかった都市生活者の生活の質を上げるための「個重視」のサービスが公共交通に登場している。これもさまざまな技術革新によって可能になったものである。

AI，IoT にとどまらず，近年の公共交通サービスは急速な技術革新が起きて，サービスイノベーションが起きている。社会の創造を考えるうえで重要な技術・制度・価値観のバランスと学際的な側面を重視しながら，本書では昨今の交通技術の革新がわれわれの都市生活にどのような効果をもたらしているのか，明らかにする。

本書をおすすめしたい方

おもに各大学の「交通論」で幅広く使える内容とする。交通サービスの技術革新動向とサービスの成立性（経済性）の双方を掲載することで，交通関連の技術系・商学経済系の双方に読んでもらえるような学際的で専門的な教科書に位置づける。あわせて，都市交通に関係する社会人ほか興味をもつ人の導入書にもなる。

たとえば，筆者が勤務する東京都市大学では，ユニバーサルデザイン，マーケティングリサーチ，都市交通，研究会（ゼミ）などのサービステクノロジー関係の授業で活用する。1 年次必修の都市生活読書法のゼミでの活用も想定している。

目　次

はじめに　*iii*

第1章　重厚長大な都市交通インフラストラクチャーの「老化現象」————————*1*

1.1　従来の都市交通インフラストラクチャー整備の考え方　*1*

1.2　鉄道環境での設備老化　*3*

1.3　自動車環境での設備老化　*8*

1.4　航空環境での設備老化　*14*

1.5　船舶環境での設備老化　*16*

1.6　老化する都市交通基盤に共通する問題と課題　*19*

第2章　「軽薄短小なサービス分野」としての都市交通—————*21*

2.1　交通運輸情報論の学問的確立と「軽薄短小なサービス」への注目　*21*

2.2　さまざまな交通環境での技術革新と都市生活にもたらされる変化
－技術革新で運行者と利用者の双方の行動が変容する－　*27*

2.2.1　鉄道環境での変容　*27*

2.2.2　バス環境での変容　*47*

2.2.3　タクシー環境での変容　*61*

2.2.4　都市の道路環境での変容　*70*

2.2.5　航空環境での変容　*82*

2.2.6　船舶環境での変容　*91*

2.3　軽薄短小なサービスによる未来の交通運輸　*101*

vii

第3章 「個」を重視した新しいサービス ——————— 103

3.1 量から質，集団から個人へのサービス　103

3.2 鉄道サービスの差別化と革新　103

3.3 バスサービスの差別化と革新　106

3.4 タクシーサービスの差別化と革新　108

3.5 道路サービスの差別化と革新　109

3.6 航空サービスの差別化と革新　111

3.7 船舶サービスの差別化と革新　113

第4章 都市交通サービスのさらなる未来像を描くために
―イノベーション融合実践のすすめ― ——————— 115

おわりに　117

索引　119

第1章
重厚長大な都市交通インフラストラクチャーの「老化現象」

本章では、都市交通のインフラストラクチャーが起こしている「老化現象」について説明する。今の国内都市は、人口の少子高齢化が大きな問題になっているが、インフラストラクチャーも老化現象を起こしており、この状況を見てみたい。

1.1 従来の都市交通インフラストラクチャー整備の考え方

都市交通などの社会のさまざまなインフラストラクチャーを整備する思想を捉えるうえで、日本には3つの大きな流れがある。おおむねそれはのように整理される。

1945年の終戦を経て1960年くらいまでは、「ナショナルミニマム」の考え

ナショナルミニマム（1960年以前）
国家が国民に保証する最低限の生活水準。英国のウェッブ夫妻により提唱されたものである。「国民的最低限」の量的保証。

↓

シビルミニマム（1960年代の前半）
地方自治体が住民の生活のために保障しなければならない最低限度の生活環境基準。「地域住民的最低限」の量的保証。

↓

アメニティミニマム（1990年ごろから）
シビルミニマムが実現されてきて量的保証を質的保証にしていこうとする考え方。少子高齢化動向がその背景にある。

 日本の都市交通などのインフラストラクチャー整備の流れ

方が都市交通インフラストラクチャー整備の基本的な考え方であった。しかし，地域間の経済格差やさまざまな環境格差が問題になり，国家レベルのインフラストラクチャー整備を省みる動きが生じた。この状況を受けて1960年代前半に，日本では独自に「シビルミニマム」の概念が提唱された。シビルミニマムの概念は松下圭一によって理論化が図られており，生活者の生活水準の最低保障の考え方である。シビルミニマムの概念は，憲法25条の生存権「すべての国民は健康で文化的な最低限度の生活を営む権利」を政策や事業の目標として明確にしたものである。

　高度経済成長が進むにつれて，都市の成熟レベルにも格差が生じるようになり，地方に権限を移譲して地域民主主義を重視しながら生活上の諸困難に対応し，最低限の生活をインフラストラクチャーの量で保証しようという動きが国内社会にもできてきた。シビルミニマムは，国レベルでの生存権の保証から地域レベルでの生活権の保証へと，生活者の権利を拡大することを標榜して，中央政府主導・ナショナルミニマム論を地方主役の形への転換で超越しようとした。

　日本は第二次世界大戦後，1955〜1965年ぐらいまでのいわゆる昭和30年代は，国民総生産（GNP）で測り年率平均10％を超える，高い経済成長を達成してきた。この経済成長で生活者の生活は豊かになったが，1965年ごろからは高度経済成長問題もクローズアップされるようになった。工場生産の活性化がもたらす大気汚染や騒音，工場排水による河川・湖沼・海水の汚濁，自動車の増加による排気ガスによる大気汚染や騒音，道路混雑の深刻化などで公害の激甚地域が急増した。本社会動向に地域密着で対応するうえでも，シビルミニマムの概念は注目された。

　しかし，シビルミニマムは，総じて国を変えるボトムアップ的な法制や財政の改革にはつながらなかった。1960年代後半から1980年代前半の地方自治体は，国が設定する最低基準のインフラストラクチャーの整備・拡充に協力しながら，都市生活の最低維持に必要な負担を埋める存在にならざるをえなかった。

　こうした流れでバブル経済期に入るとともに，将来的な国内の深刻な少子高齢化に社会の注目がいくようになった。少子高齢化および人口減少社会を意識して，都市交通などの各種インフラストラクチャー整備も量的最低基準の達成

を背景に,質的最低基準の達成にシフトする動きを見せている。この概念を「アメニティミニマム」とよぶ。1990年ごろから国内で重視されるようになり,少子高齢化が進むにつれ,生活の質的向上の最低ラインを上げる動きはいっそう活発化している。提唱されてから30年弱であり,都市生活の質的向上に資するインフラストラクチャー整備も進んできた。しかし,それらは高度経済成長期に整備したものに改良をなんども加えたものも多く,本質的には老朽化しているものが増えている。

　生活の質を上げる都市交通をはじめとしたインフラストラクチャーは,もはや限界を迎えているものも少なくない。この動向を交通環境別に,以下で概観する。

1.2　鉄道環境での設備老化

　読者のなかで,日々の通学や通勤,レジャーで鉄道を使わない人はまずいないはずである。それくらい鉄道は都市生活に不可欠なインフラストラクチャーに成長した。日本の鉄道路線の多くが本格的に整備されたのは第二次世界大戦以降である。終戦が1945年で,現在は2017年。この70年強で鉄道ネットワークはめざましい拡充を果たした。しかし,肝腎の鉄道のインフラストラクチャーに目を向けると,初期の設計で検討された耐用年数を越える橋梁やトンネルな

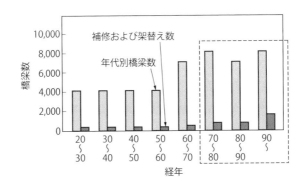

図1.2　鉄道橋梁の橋梁数と補修・架替え数の関係
[公益財団法人鉄道総合技術研究所構造物技術研究部・舘山勝氏の公表資料より改変]

どがじつは多く存在している。たとえば橋梁の場合，鋼鉄道橋の半数以上が新設以降60年を超えているといわれている（ちなみに，道路では新設からの平均経過年が30年弱である）。鉄道の橋梁の場合，補修，補強，さらには取り替えを余儀なくされている橋梁が増加しており，今後，鋼鉄道橋を架け替える工事や大規模な補強の工事が必要となるケースが増えるのは確実である。平均的取替時期である70年を超えるものも増えており，これの克服は重要な課題である（図1.2）。

　図1.3と図1.4を見れば，橋の構造がよくわかる。鉄道分野では，鋼桁では2万5千橋，下部工で3万脚が，新設から70年経過している。今は戦後70年

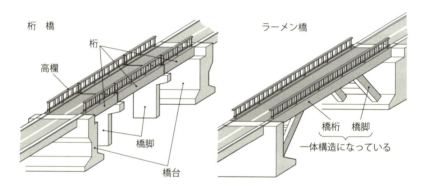

図1.3　橋の構造

　鉄道では，剛製の橋桁の老朽化が問題になっている。最近では，建設コストの抑制や耐震性の強さから，右のラーメン橋の採用も増えている。[なんだか知らないけど橋が好き！ホームページ（http://bridgelove.exblog.jp/i8/）より改変]

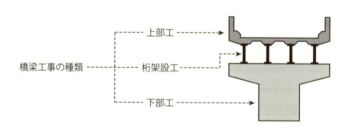

図1.4　橋梁工事の部位別分類

［山口建設工業株式会社ホームページ（http://www.yamaguchikensetu.co.jp/business/bridge/）より改変］

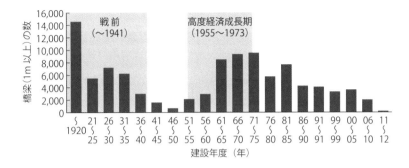

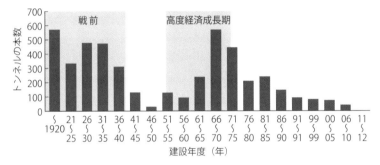

図 1.5　鉄道施設のうち橋梁やトンネルのストック数
橋梁の総数は 102,293 橋（1 m 以上），トンネルの総数は 4,737 本にのぼる。［公益財団法人鉄道総合技術研究所構造物技術研究部・舘山勝氏の公表資料より改変］

であり，戦後 70 年間の鉄道ネットワークの拡充の裏で，急速に鉄道インフラストラクチャーの老朽化が問題になっていることの象徴的な流れである。トンネルにしても**図 1.5**を見ればわかるように古いものが多く，老朽化が問題になっている。

　鉄道トンネルの耐用年数も 70〜75 年といわれており，当然，古いものほど耐用年数は短くなる。古いものについては，とくに改良を急ぐ必要性が認められる。

　一方，**図 1.6**を見ればわかるが，自家用車の普及いわゆるモータリゼーションや，少子高齢化による人口減少で，鉄道利用者も減り，総体的な経営悪化が進んでいる。一度に多くの橋の架け替えや大規模なトンネル補修を行なうことは，経営的にもかなり難しい。あわせて，施工の効率性や列車運行への支障も多く，困難を伴う。さらに，合理化で検査を行なう専門家を減らさざるをえな

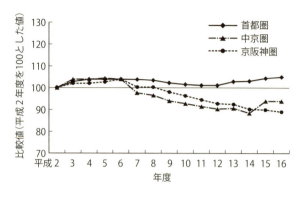

図 1.6　鉄道利用者数の変化
圏域によるが，大都市でも横ばいか下降傾向である．地方のローカル線では，自家用車普及で赤字状態が続くものがほとんどである．[出典：国土交通省ホームページ (http://www.mlit.go.jp/hakusyo/mlit/hakusho/h20/html/j1211300.html)]

く，インフラストラクチャーのメンテナンス業務を取り巻く状況も一段と厳しさを増している．団塊世代の退職などが急速に進む一方，新規雇用・人材育成を抑えた結果として，鉄道の維持や管理を支えてきた熟練技術者の不足という問題が顕著になっている．われわれは，この社会的構図に応えられる技術を開発する時期に来ており，それらの技術に裏打ちされた安全安心の維持を検討していく必要がある．

　鉄道の主役といえば，われわれ生活者を運ぶ車輌である．車輌についても経営的に置き換えが難しくなっている．**図 1.7** に大手私鉄の在籍車輌数と平均車齢の関係を示す．会社の車輌使用に対する考え方はさまざまであり，一般論を述べるのは難しいが，通勤車輌の耐用年数は 30 年から長くて 40 年程度というのが相場である．一般に西日本では，車輌の更新工事をくり返し，長い歳月使用している．東日本では，メンテナンスフリーの車両の導入を進め，廃車までのサイクルは総じて短い．最近では，メンテナンスフリーを標榜した車輌で維持・管理のコストを抑えられるライフサイクルの短縮化を標榜した車輌も登場しているが（**図 1.8**），経営的な苦しさなどから古い車輌を併用せざるをえないケースも増えている．今後も総体的な利用者減少が続けば，車輌の総体的な老朽化も問題となる．

1.2 鉄道環境での設備老化　7

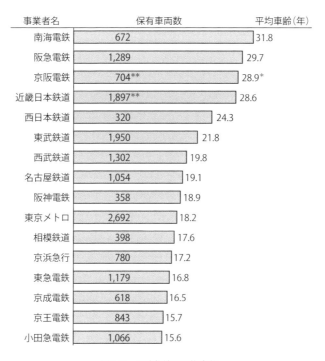

図 1.7　大手私鉄の平均車齢

単位は年。棒グラフの数字は保有車両数。ただし，車体更新車は車体製造年ベースでのカウントで，事業用車はカウントせず，逆に旅客車の休車や保留車はカウントした。* 車体流用車は車体製造年でカウント，** 鋼索線車輌は含まない。［はいらーあるさんのツイート（https://twitter.com/hokuman_hailaer/status/538555577475948544）より改変］

図 1.8　メンテナンスフリーの車輌として有名な JR 東日本の E231 系 500 番台（山手線や中央線各駅停車で使用）

部品レベルからのメンテナンスフリーを徹底することから始め，検査・修繕の手法やサイクルも根本的に見直し，検査工場の設備や体制も新しい設計の電車に合わせて改修，ランニングコストも下げる。

こうして，鉄道環境ではさまざまな場面で老朽化対策が喫緊の課題になっている。こうした設備老化にどのような対策を練ればよいのか，その研究が急務である。

1.3　自動車環境での設備老化

日本国内には，約70万の橋と1万のトンネルが道路上に存在している。問題は，その維持・管理能力が低下する傾向である。目下，橋の90％，トンネルの70％が，地方自治体の維持・管理である。少子高齢化で地方財政が逼迫するなかで，地方自治体での道路の維持・管理能力は明らかに低下している。やむをえずに老朽化で通行止めや通行規制になる道路も増えている。2013年4月時点で橋の通行止めや通行規制が2,100件を超しており，結果的に5年間で倍増したのである。日本国内は自然災害も多く，突発的な豪雨や地震による通行止めや通行規制も起きやすい状況で，財政逼迫で上記の傾向が加速する可能性もたいへん高い。

道路の事故で，読者の皆さんが知っている重大なものに，笹子トンネル事故（2012年）がある。事故発生の翌年である2013年には，国土交通省の事故調査・検討委員会が事故の最終報告書をまとめている。この報告書では，事故原因を施工時からのボルト強度の不足や，コンクリートとボルトを固定する接着剤の劣化などの複合的要因を指摘している。このほかに専門家のなかには，十分な老朽化対策をしていなかった点を事故原因として指摘する人も少なからず存在

図1.9　老朽化したトンネルの天井
天井崩落の可能性も総体的に低くない。[出典：国土交通省近畿地方整備局ホームページ（http://www.kkr.mlit.go.jp/road/maintenance/roukyu/taisaku05.html）]

1.3 自動車環境での設備老化　9

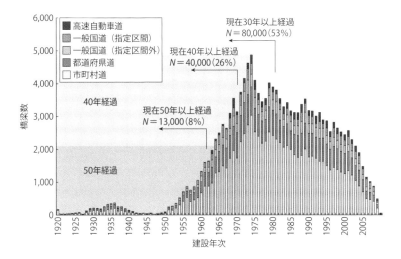

図 1.10　建設年度別の全国の橋梁数
新設から30年以上経過するものが半数を超える結果になっている。この状況が今後，深刻化しないように防ぐことが肝要である。［出典：国土交通省・道路施設現況調査 H21.4.1］

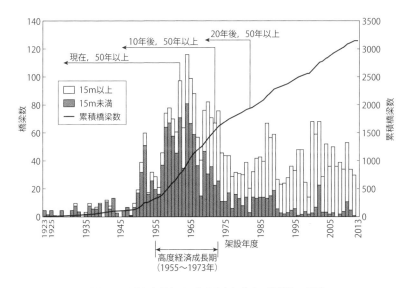

図 1.11　国土交通省がまとめた老朽化する橋梁数の予測
老朽化する橋の累積値が高まる可能性を現わしている。この傾向をどのように打開するかが重要である。［出典：国土交通省中国地方整備局（https://www.cgr.mlit.go.jp/chiki/doyroj/hozen/douro_jyokyo.html）］

する。

　事故の原因については確かな追究は難しいが，接着剤の劣化をはじめ老朽面の指摘は各方面でなされている。こうして道路についても橋やトンネルの老朽化は重要な対策課題になっており，効率的で効果的な方法の研究が急務である。

　早期に危険性に気づき対処できればよいのだが，予算・時間・人材の余裕がなく，十分に道路管理者が点検できていないケースは多い。中央自動車道笹子トンネルのような死者を伴う大事故を未然に防止する対応こそ，至上命題である（図 1.9）。

　図 1.10 や図 1.11 を見ればわかるが，国土交通省が調べた調査でも，新設から 30 年以上の古い橋は全国で半数を超えている。こうした橋の老朽化を，予算・時間・人材の余裕がないから整備が困難，整備が難しいから通行規制をするという悪循環は断ち切らないといけない。もはや，この打開が急速に求められている。

　図 1.12 のように，社会のインフラストラクチャーを維持・更新する費用も，老朽化したインフラストラクチャーの増大で高騰するものと予測される。道路関係費用がこのなかの相当な割合を占めるといわれており，効率化が重要課題である。

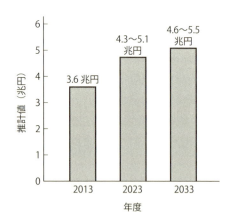

図 1.12　インフラストラクチャーの維持管理・更新費の将来推計
　国土交通省所管の社会資本 10 分野（道路，治水，下水道，港湾，公営住宅，公園，海岸，空港，航路標識，官庁施設）の推計値を示す．［国土交通省ホームページ（http://www.mlit.go.jp/sogoseisaku/maintenance/02research/02_01_01.html）より改変］

表 1.1 　警察庁による道路信号制御機の老朽化の都道府県別分析結果の一部

順位	トップ5		ワースト5	
1	岐　阜	0.6 %	福　島	35.6 %
2	長　崎	4.9 %	兵　庫	33.7 %
3	香　川	8.1 %	愛　知	32.6 %
4	和歌山	8.5 %	徳　島	32.4 %
5	宮　城	9.4 %	富　山	30.9 %

岐阜県のように整備が進んでいるところもあるが，30％以上老朽化する自治体もある。［2015年度末時点，警視庁まとめ］

　信号機も老朽化が問題になっている。**表 1.1** のように信号制御機の老朽化も明白である。赤・黄・青の点灯をコントロールする「信号制御機」や，信号を支える柱の老朽化が急速に進んでいる。制御機の更新時期は設置から19～20年程度とされており，全国の信号制御機の約20％が本期間を経過している。老朽化した制御機が原因となり，重大事故につながる危険性も懸念されている。

　警察庁によると，信号機の心臓部である信号制御機は全国に20万5千基あり，老朽化した信号制御機は約20％の4万3千基であった。制御機1基の更新費用が約120万円であり，都道府県の負担となり，地域によっては莫大な負担になっている。信号が消える，点滅を続けるなどの老朽化した制御機によるトラブルは，2014年度だけでも全国で計314件にのぼっている。ほかにも，信号の柱が新設から50年程度経過する事例もあり，修理がなされないまま倒れてしまう事例もある。安全安心な移動を損なう傾向である。

　道路交通では，バス車輌の老朽化も見逃してはいけない問題である。2016年の年末年始に，東京・北海道・九州で火災事故が起きた。2015年12月28日朝には，東京池袋で停車中の大型観光バスから出火し，座席などを焼いた。車輌は製造から約22年が経過しており（通常の観光バスなら長くても15年程度の使用が許容範囲である），電気系が老朽化して火災につながった可能性がたいへん高い。

　翌日12月29日には，長崎県雲仙市でも大型バスが出火して，車体中央部が炎上した。年が明けて1月4日には北海道札幌市で走行中の観光バスのタイヤから出火した。一連の事故について当時筆者はテレビで解説をした（**図 1.13**）。

12　第 1 章　重厚長大な都市交通インフラストラクチャーの「老化現象」

図 1.13　バスの老朽化と火災事故の関係を筆者がテレビで解説
［日本テレビ系列「老いるバス走り続ける」より引用］

　番組のなかで筆者は，バスの老朽化が出火の危険性を高めている状況，複雑な運転機構が残されておりエンジンなどの駆動系が摩耗している古いバスを残しておくこと自体が火災リスクにつながり，古いバスを放っておくといつ燃え出すかわからない状況，過去に火災が発生したバスの割合が製造から 15 年以上経つものが全体の 60％を超えている状況を指摘し，古いバスの火災のリスクが一段と高くなる傾向を解説した。あわせて 2000 年に観光バス事業への参入要件が緩和され，事業者間の競争が激化し，燃料費や人件費の高騰で，中小事業者ほど車輌を更新しにくくなっており，火災ほかの事故のリスクがより高まっている状況を解説した。全国的にモータリゼーションが進み，バス事業そのものの競争激化も進み，車輌自体が老朽化し事故リスクが高まっていることを知る者は少ない。

　同じく，タクシーの中古車市場も隆盛をきわめている。図 1.14 のようにタクシーの利用者が年々減っており，バスと同様に車輌老朽化の問題が顕在化している。

　さらに，図 1.15 のように，ながらく規制色の強いハイヤー・タクシー業界であったが，2002 年の改正道路運送法施行で新規参入が容易になって事業者数が増え，運賃の値下げ競争も勃発した。だが，それは寡頭競争にしかならず，景気の長期低迷やモータリゼーションで全国的に客数が減少し，ハイヤー・タクシー会社では車輌の更新が行ないがたい状況になっている。車輌の台数も簡

1.3 自動車環境での設備老化　13

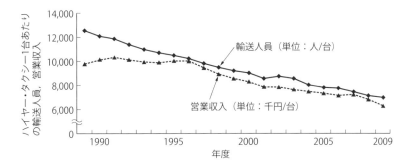

図 1.14　国土交通省によるハイヤー・タクシーの輸送人員・収入の推移一覧
[独立行政法人中小企業基盤整備機構ホームページ（http://j-net21.smrj.go.jp/establish/guide/service/service37.html）より改変]

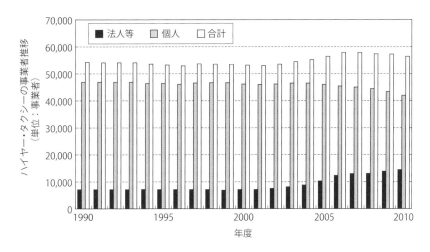

図 1.15　国土交通省によるハイヤー・タクシーの事業者数推移一覧
[独立行政法人中小企業基盤整備機構ホームページ（http://j-net21.smrj.go.jp/establish/guide/service/service37.html）より改変]

単に増やすことができず，東京ではオリンピックに向けた安定運行の実施も課題になっている。

14   第1章　重厚長大な都市交通インフラストラクチャーの「老化現象」

1.4　航空環境での設備老化

　社会のインフラストラクチャーの老朽化が進むなか，「国民の命を守る」観点で空港施設の維持管理・更新についてもわれわれは目を光らせる必要がある。総務省が調べたデータによると，同省が平成18年度から22年度にかけて調査した17空港管理者が管理する合計18空港の空港土木施設（滑走路，誘導路，エプロンや着陸帯，重要な構造物）について，総計555件の施設破損などが発生したとしている（**表1.2**）。さらに，そのうち施設老朽化によると考えられるものが432件（77.8％にのぼる）としている。施設破損などのなかには，老朽化で滑走路の舗装の剥離が発生し，応急復旧するために当該滑走路を閉鎖し，結果的に航空機が4便遅延するなど，利用者に影響を与えるものもあったという。**表1.3**のように空港の施設の破損例があるが，航空環境はとりわけ人の生命に破損が直結しやすい交通環境であり，老朽化が進むなかでは慎重に問題解決を図っていく必要がある。

表1.2　空港土木施設での施設破損等の発生状況

空港の種類	区分	平成18年度	19	20	21	22	計
国管理空港	施設破損等の発生件数	46 (100)	29 (100)	20 (100)	15 (100)	16 (100)	126 (100)
	うち老朽化が原因	4 (8.7)	1 (3.4)	0 (0.0)	4 (26.7)	6 (37.5)	15 (11.9)
地方管理空港等	施設破損等の発生件数	11 (100)	97 (100)	72 (100)	113 (100)	136 (100)	429 (100)
	うち老朽化が原因	9 (81.8)	95 (97.9)	70 (97.2)	111 (98.2)	132 (97.1)	417 (97.2)
計	施設破損等の発生件数	57 (100)	126 (100)	92 (100)	128 (100)	152 (100)	555 (100)
	うち老朽化が原因	13 (22.8)	96 (76.2)	70 (76.1)	115 (89.8)	138 (90.8)	432 (77.8)

総務省調査より。単位：件，％。かっこ内は構成比。平成22年度は12月1日現在の数値である。地方管理空港等における施設破損等の件数は，総務省の調査において「損傷事故等」として把握した件数を計上した。「うち老朽化が原因」欄は，老朽化が原因と考えられると管理者が判断したものを計上した。調査した18空港管理社が管理する19空港のうち1空港は，老朽化が原因と考えられる施設破損等の件数を把握していないため除外した。

1.4 航空環境での設備老化   15

表 1.3　総務省が調べた空港施設破損の例

発生年月日	施設名	施設破損等の概要	利用者等への影響
平成 19 年 7 月 26 日	誘導路	経年劣化によりわだち掘れが発生	なし
平成 20 年 5 月 29 日	立入禁止柵	老朽化，塩害により腐食	不法侵入者などに対するセキュリティに影響
平成 21 年 4 月 23 日	エプロン，誘導路	経年劣化によりエプロンの角欠け，および誘導路のクラックが発生	なし
平成 21 年 8 月 10 日	滑走路	舗装劣化により舗装剥離が発生	運用時間内での補修実施にあたり，一部施設閉鎖が必要となったため，航空機運航に影響（4 便に遅延発生）
平成 21 年 8 月 21 日	誘導路	経年劣化により舗装が損傷し飛散	なし
平成 22 年 6 月 10 日	誘導路	劣化により舗装剥離が発生	なし

表 1.4　国の管理空港の土木施設の整備・改良・維持管理にかかる事業費の推移

区分	平成 18 年度	19	20	21	22	計
整備・改良費及び維持管理費	172,737 (100)	180,935 (100)	153,980 (100)	148,287 (100)	119,457 (100)	775,396 (100)
うち維持管理費	1,831 (1.1)	1,801 (1.0)	1,766 (1.1)	1,696 (1.1)	1,863 (1.6)	8,957 (1.2)

総務省調べ。単位：百万円，％。かっこ内は構成比。平成 18 年度から 21 年度は執行済額を，22 年度は予算額を計上した。「うち維持管理費」欄は，調査した空港事務所の区分による。

表 1.5　地方公共団体管理空港の土木施設の整備・改良・維持管理にかかる事業費の推移

区分	平成 18 年度	19	20	21	22	計
整備・改良費及び維持管理費	4,167 (100)	4,461 (100)	4,330 (100)	3,887 (100)	3,608 (100)	20,453 (100)
うち維持管理費	2,669 (64.1)	2,549 (57.1)	2,673 (61.7)	2,407 (61.9)	2,092 (58.0)	12,390 (60.6)

総務省調べ。単位：百万円，％。かっこ内は構成比。平成 18 年度から 21 年度は執行済額を，22 年度は予算額を計上した。「うち維持管理費」欄は，調査した空港事務所の区分による。調査した 9 都道府県等が管理する 10 空港のうち 2 都道府県等（2 空港）では，整備・改良費と維持管理費を区分できないとしているため除外した。

16　第 1 章　重厚長大な都市交通インフラストラクチャーの「老化現象」

　表 1.4 を見ればわかるが，国が管理する空港では少しずつ維持管理費が高くなりはじめている。地方公共団体の管理の場合は 6 割前後が維持管理費となって，ここ数年は横ばいである（表 1.5）。空港の安全・安心の維持が難しく，この状況を改善することも難しいと予測されている。効率的な維持管理手法が求められている。

　一方の飛行機の機体であるが，パイロットや整備士，客室乗務員の高齢化とともに，「航空機の機体の高齢化」という問題も航空業界には存在する。整備技術の進化もあり，製造から 20 ないし 25 年を経過している機体も，国際的に見てたいへん多い。たとえばアメリカの航空会社では，所有機体の約 40 ％が新造から 20 年以上経過した航空機である。新造から 20 年以上（離着陸回数で 6 万回相当）経過した経年機は，各部部品が経年劣化で壊れやすくなっており，当然，先述したバスと同様，大事故に結びつきやすい。問題は LCC（ローコストキャリア，低額運賃の航空会社）の台頭で競争が厳しくなり，多くの航空会社の財政状況が悪化し，1 機およそ 200 億円の新しい旅客機への更新が国際的に総じて難しくなっている点である。そのために，今の航空業界は総じて整備技術の向上に着目をしている。

　整備技術を高めて，「高齢の旅客機の寿命をいかに健康的に延ばせるのか」に着目している。改修コストは平均で 1 機 5 億円前後であり，新品の航空機を購入するよりも大幅に安く済む。われわれの身体とまったく同じで，旅客機の長寿の秘訣は「整備」にかかっているといって過言ではない。新車のときからの定期検診や定期健康診断などを欠かさないようにして，病気＝故障をしないようふだんからの予防に努めることの重要性が改めて航空業界では問われている。この整備の質を高め，それをさらに効率的に行なっていくことが大切であり，研究課題でもある。

1.5　船舶環境での設備老化

　船舶環境でも港湾岸壁の老朽化が進み，問題になっている。図 1.16 を見るとわかるが，港湾岸壁も新設から 50 年を経過するものが年々増えている。2029 年には全港湾岸壁の半数が供用後 50 年になる。具体的には，図 1.17 の

1.5 船舶環境での設備老化　17

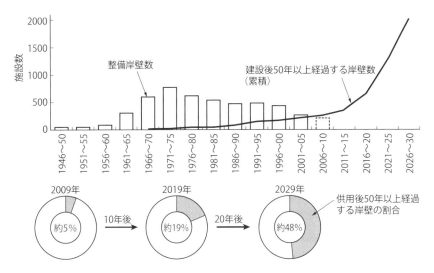

図 1.16　建設後 50 年の港湾関係のインフラの老朽化予測
水深 −4.5 m 以上の重要港湾・地方港湾の公共岸壁数で，母数は港湾岸壁約 5,000 施設．[出典：国土交通省港湾局技術企画課港湾保全企画室（http://www.umeshunkyo.or.jp/210/270/data.html）]

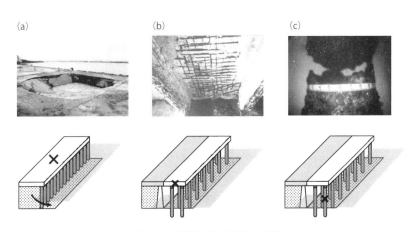

図 1.17　港湾施設の老朽化の事例
港湾施設は，塩害などの厳しい沿岸環境下に置かれること，さらに海中部に施設があり目視などにより容易に劣化・損傷が発見しにくいことから，大規模な施設の破壊につながる．(a) 裏込め土の吸い出しによるエプロンの陥没，鋼矢板が腐食して穴があき，裏込め土が吸い出される．(b) 鉄筋の腐食によるコンクリートの剥離．(c) 鋼管杭の腐食進行による杭の破断．[国土交通省港湾局技術企画課港湾保全企画室（http://www.umeshunkyo.or.jp/210/270/data.html）より改変]

表 1.6 離島補助航路就航船と耐用年数経過船舶の割合

	耐用年数内船舶数	耐用年数経過船舶数	計
民営企業	43 (23)	75 (41)	118 (64)
公営企業	25 (14)	41 (22)	66 (36)
合計	68 (37)	116 (63)	184 (100)

2006年4月1日現在，国土交通省調べ。かっこ内は全体に占める割合。参考：耐用年数は，鋼船2,000総トン未満のカーフェリーで11年，旅客船などで14年，FRP船で7年などである。

ような問題があり，鉄筋や鋼管杭の腐食を中心にさまざまな問題が生じうる。これに対応していくことがまずは求められるが，整備用コストの高騰が大きな問題である。

　船の船体についても，総じて耐用年数を超えたものが増えている状況である。**表 1.6** は，離島補助航路就航船の耐用年数経過船舶の割合である。これを見ると，通常の耐用年数を超える船体がとても多いことがわかる。たとえば，国内離島航路（新潟－佐渡など）で活躍する「ジェットフォイル」とよばれる高速旅客船は，国内海運会社6社が18隻を就航させ，年間240万人が利用している（**図 1.18**）。離島航路の高速化に大きな効果をもたらしたジェットフォイルは，アメリカのボーイング社が開発し，日本では川崎重工業がライセンス生産を行なった高速旅客船である。船体前後にある水中翼の揚力で船体を海面に浮上させ，45ノット（時速83キロ程度）で航行し，3.5メートルほどの荒波でも安定

図 1.18　佐渡汽船のジェットフォイル「つばさ」
[写真提供：佐渡汽船]

した航行が可能である。荒天でも高い就航率を誇り，これまで多くの運航時間がかかった離島航路では重要な移動手段になっていた。

　ところが，それらのジェットフォイルの船体は製造から 20 年以上が経過して，総じて老朽化が進み，世代交代の時期が迫っている。しかし，ジェットフォイルは 1 隻 50 億円かかり，最近の船舶利用減少で更新自体が難しい状況になっている。

　また現在，国内ではおよそ 5,200 隻の貨物船が活躍している。しかし，トラックや鉄道などによる貨物輸送の進展があり，コスト競争の激化で貨物船の新造船の投入にまで至っていないのが実状である。貨物船は船齢 14 年が法定耐用年数で，これを超えたものが老朽船の扱いとなる。実際に 14 年を超える老朽船が 71 ％を占める状況である。すなわち，「安全性や輸送効率の低下が危惧される」状況である。貨物分野での老朽船の割合は，1990 年が 50 ％，2000 年が 45 ％であったものが，2003 年に 51 ％，さらに現在は 70 ％超であり，急激に老朽化が進んでいる。とくに 2000 年以降は旅客線・貨物船とも新造は進んでおらず，問題になっている。

1.6　老化する都市交通基盤に共通する問題と課題

　以上のように，都市の公共交通環境は，インフラストラクチャーそのものおよび旅客車体の双方で老朽化が大きく進んでいる。モータリゼーションが進んで都市公共交通の衰退が問題になって久しいが，反面，高齢者増加とそれに伴う障がい者の増加，オリンピック・パラリンピック誘致や観光活性化に伴う外国人の増加，子どもとその親の行動支援の観点などを総合的に捉え，公共交通環境に再び注目が集まるともいわれている。**表 1.7** のように高齢者層の自主的な免許返上率の高さ，**図 1.19** のような景気悪化などによる若者の乗用車離れなどで，都市公共交通の社会的地位が再び上がる可能性も出てきている。都市公共交通の維持には，経験則から「効果的で効率的な運用」が関係各部門で求められる。

　筆者は，慶應義塾大学湘南藤沢キャンパス（SFC）の総合政策学部に，1994年に入学した。そこには，東日本旅客鉄道株式会社（JR 東日本）の寄附講座が

表 1.7　高齢者の免許自主返納件数

年度	総件数	65歳以上	70歳以上	75歳以上	80歳以上	85歳以上
平成23年	72,735	69,805 (96.0)	61,841 (85.0)	37,199 (51.1)	23,109 (31.8)	8,471 (11.6)
平成24年	117,613	111,852 (95.1)	101,036 (85.9)	65,147 (55.4)	35,432 (30.1)	13,522 (11.5)
平成25年	137,987	131,595 (95.4)	121,211 (87.9)	87,014 (63.1)	48,840 (35.4)	15,721 (11.4)

単位：件数，％。メンキョ Buzz（http://menkyo.bz/column/106）より改変。

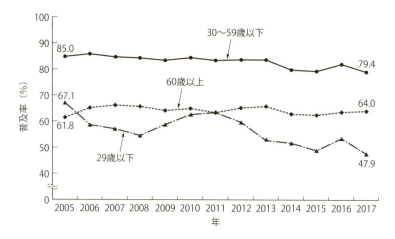

図 1.19　世代別の乗用車普及率

若者の乗用車離れが加速している。[ガベージニュース（http://www.garbagenews.net/archives/2058778.html）より改変]

設置されており，「交通運輸情報」をテーマにしていた。さまざまなサブテーマがあったが，共通の命題は「情報技術をはじめとした技術進展で，重厚長大な公共交通をよい意味での軽薄短小なスリムで効率的なものにできないか」というものであった。筆者もこの寄附講座に永らくかかわり，公共交通の新しい進化の方策を研究してきた。この成果と経験に基づき，次の章では情報技術をはじめとした技術進展で，重厚長大な公共交通を，よい意味での軽薄短小なスリムで効率的なものにできないか，その可能性について実事例も交えながら検討を加えていく。

第**2**章

「軽薄短小なサービス分野」としての
都市交通

2.1 交通運輸情報論の学問的確立と「軽薄短小なサービス」への注目

　筆者は，1994年4月に慶應義塾大学総合政策学部（SFC：湘南藤沢キャンパス）に入学し，2003年3月の博士学位取得までの9年間，JR東日本寄附講座研究室で研究活動を行なった。慶應義塾大学湘南藤沢キャンパスは，当時から情報技術や情報社会を専門とする研究者が多数集まり，情報技術でわれわれの社会や生活がどのように質的向上するのかを研究している。JR東日本寄附講座研究室も，交通運輸情報プロジェクトというテーマ名称をもち，情報技術で交通運輸環境およびわれわれの都市生活をどのように質的向上できるのかをテーマに研究を進めてきた。

　当時は，2016年度に永年のコンピューティングシステム（計算機システム）の研究が称えられ大川賞を受賞した相磯秀夫教授・環境情報学部長（当時）が，寄附講座の委員長を務めていた。あわせて，筆者の修士論文・博士論文の主査でありソフトウェアサイエンス分野で有名な有澤誠教授（当時）が研究指導にあたった。相磯教授と有澤教授は師弟関係にあり，ともに情報技術で社会をよりよく変えることに関心をもたれていた。われわれ弟子たちもその姿勢に共感し，研究にあたった。

　1996年以降は，湘南藤沢キャンパスの2つの学部，よく双子の学部といわれる総合政策学部および環境情報学部の研究をより高度に統合する形で大学院政策・メディア研究科が創設され，おおむね次の3つの領域で学際的研究を行なった。

1つは「情報技術にもとづく旅客サービス改善戦略の研究」である。これは，IT（情報技術）の有効活用で，利用者の交通運輸環境の利便性向上を支援する方策を研究するものである。1996年から7年間ほどで，紙ではないデジタル版の動的な時刻表を今日に先駆けて研究している。また，ダイヤ重視型の現在の集中型の鉄道制御システムに対する方式で，運行状況や混雑状況から自律分散協調型でそのときのさまざまな環境情報に基づき，柔軟に鉄道制御を行なうシステムの可能性，都市生活の質的向上をめざしたSuicaのような交通系ICカードによる旅客支援戦略など（**図2.1**），インフォマティクスと交通運輸社会戦略の融合領域に位置する研究を，JR東日本とも協調し，現実的な視座に基づき研究室で行なった。

次に「ユニバーサルソサエティ（ユニバーサル社会）を創造するための現実的な推進手法の研究」がサブテーマとして多数行なわれた。1990年代後半から国際的に注目されはじめたアメリカ人，ロナルド・メイスによるユニバーサルデザイン推進に向けた社会動向を鑑み，その支援技術の適材適所への導入戦略に資する研究を行なった。駅や鉄道車内での情報技術を中心にしたユニバー

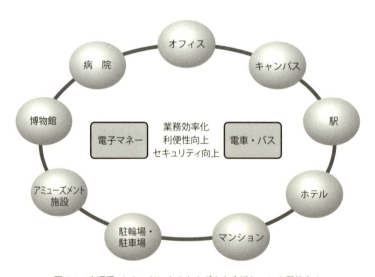

図2.1　交通系ICカードによるさまざまな生活シーンの質的向上
[JR東日本メカトロニクス株式会社ホームページ（http://www.jrem.co.jp/business/ic/office_solution.html）より改変]

サルデザイン推進技術の研究とともに，その社会経済性評価を仮想市場法やコンジョイント分析を援用し，都市の生活者が必要と考える技術の質と量の計測手法も開発している（この件については西山らの『データ収集・分析入門』，慶應義塾大学出版会，2013年で，調査研究事例とともに詳説している）。その経済性評価結果に基づき，最適導入技術の質・量の社会的合意を推進し，交通ユニバーサルデザインの推進戦略を提案した。

《仮想市場法》
仮想市場法（CVM：Contingent Valuation Method）は，質問紙調査などを用いて人々に支払意思額（WTP：Willingness To Pay や WTA：Willingness To Accept）などを尋ねることで，市場取り引きされていない財（効果）の価値を計測する手法。これを援用することで，ユニバーサルデザイン技術への支払意思額も計測可能である。

《コンジョイント分析；図2.2》
商品がもつ特徴をいろいろと組み合わせたトレードオフ関係にある複数組の情報を提示し，回答者に優先順位をつけさせることで，消費者側が重視する商品の特徴を明らかにしようとする分析手法のこと。仮想市場法とともに，これを援用することで，交通のユニバーサルデザイン技術の消費者の志向を明確化できる。

さらに3つめの大きな柱として，「現実的な都市・地域開発に資する交通計

 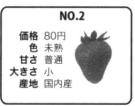

図2.2　コンジョイント分析の例
このような複数組の情報カードを提示しつつ，最終的に消費者選好を明らかにする。マーケティング分野では多用されている。［農研機構東北農業研究センター・ホームページ（http://www.naro.affrc.go.jp/org/tarc/seika/jyouhou/H14/to001.html）より許諾を得て転載］

画の構築」がある. これは情報技術というよりもモデリング・シミュレーション法を活かした研究である. たとえば, 急行列車などの優等列車が駅に止まることで, 駅勢圏 (鉄道駅を中心としてその駅を利用すると期待され, 需要が存在する範囲のこと. 鉄道の旅客需要を予測する手法として導入された概念) にどのようなインパクトがあるのかを予測した研究がある. また, 路面電車の導入で都市がどのように活性化し, 生活の質が向上するかをモデリング・シミュレーション法から明らかにする研究も行なった. 慶應義塾大学湘南藤沢キャンパス最寄りの湘南台駅の地下コンコースを例に, 利用者の流動調査と意見調査に基づくかたちで, 生活者に喜ばれる駅構内施設の配置シミュレーションも実施し, 最適解を提案した.

　以上の3つの柱を立て, 2000年前後には多くの研究成果をJR東日本と慶應義塾大学の協働により, 論文・著書などの形でアウトプットした. ほかにも, 今日のスマートフォン隆盛社会を予測し, ウェアラブルコンピューティングの実現を前提に, 交通運輸環境での利用者支援の可能性をメンバーで追究した. 情報提供手法, アルゴリズム, ソフトウェア, ヒューマンインタフェース, モデリング・シミュレーション法, データ収集・分析法 (社会調査手法) などを活用して, 上記のように交通運輸環境, さらにはそこを利用する都市生活者の

図2.3　駅の乗車券販売窓口が高度券売機にシフトしている (JR東日本の例)

質的向上を図れることをめざし，われわれは研究を進めた。その研究の蓄積と経験から導き出されたことは，情報技術を用いれば重厚長大なインフラストラクチャーをできるだけ減らせ，コンピューティングシステムの導入で効率的・効果的な「軽薄短小な交通システム」をつくりあげることができるということである。たとえば，最近の駅では，JRのみどりの窓口のような有人の乗車券販売所が大きく減り，遠方に行くための乗車券も券売機で買えるようになっている（図2.3）。鉄道不採算化で無人駅も増えており，無人駅の安全管理にもITが使われる。こうした高度な券売機では，ソフトウェアも充実し，希望座席位置の指定や乗継候補の選択肢提示なども進む。人件費の抑制も達成でき，経営効率上昇につながる（図2.4，2.5）。

近年では，交通分野で応用対象となる主要情報通信技術に以下のものがある。

《近年の交通運輸情報分野を見るうえでの8つの視座》
①**時空間コンピューティングシステム**：交通運輸環境での時空間情報の分析・検索・可視化，GISやGPSなどの活用。
②**マルチメディアシステム**：利用者への新しい情報提供の可能性を広げるマルチメディア情報検索・配信。

図2.4　木更津市のJR東日本久留里線馬来田駅に設置してある「ITかかし」（2007年に実証実験）
　高さ約3.1 mの頭部は照明，両腕部分はスピーカー。最寄りの有人の駅にホーム上の画像を送るカメラも搭載している。田んぼを見守るかかしのように無人駅を見守る役割を果たす。列車に搭載のGPS機能付き携帯電話から情報を受信し，走行位置をかかしの画面に表示する。列車が駅に近づくと音声で案内も行なう。[写真提供：共同通信社]

図 2.5　JR 九州の香椎線沿線の無人駅に導入されている係員対応精算機
少数の職員が一括して集中制御している精算機で，人件費の抑制のための施策である。

③**ビッグデータの収集と分析**：交通機関の運行・利用者流動状況を表わす交通運輸状況のデータ分析と可視化。

④**ウェブサービスとの各種連携**：利用者への新たな情報サービスを提供する公共交通関連ウェブサービス構築。

⑤**クラウド・コンピューティング**：分散した公共交通機関の情報源を統合しつつグローバル情報環境を実現するクラウド・コンピューティングに基づいた情報統合・検索・分析・配信の方法。

⑥**ソーシャル・コンピューティング（SNS 活用）**：利用者の声を反映した双方向の情報交流を実現する交通運輸分野 SNS 構築。

⑦**ユビキタス・コンピューティング**：利用者や列車などの移動体を対象としたセンシングデータ収集とそれらの統合。

⑧**クロスカルチュラル・コンピューティング**：異文化からの利用者たちの交通機関利用を支援するクロスカルチュラル・コンピューティングの構築。異文化や異分野の交通機関関係者の協働・協調の支援。

これらの研究テーマは，従来からの時間的・空間的な視点に加え，視覚的・文化的・感性的な視点を加えた新しい交通運輸情報とそのシステムの設計論を導くものである。交通運輸と情報システムの連携および連動こそが，軽薄短小

な交通システム，すなわち効率的で効果的な交通体系につながり，それらが都市生活の質的向上につながれば，上記のような筆者も中心的に参画してきた交通運輸情報論の目的は達成されたことになる。

　以下，本章では，上記①〜⑧の交通運輸情報論の主要視座に基づいて，さまざまな交通環境での技術革新と都市生活にもたらされる変化をみる。技術の革新で，運行者と利用者の双方の行動が変容することを知り，情報システムを駆使した交通運輸環境の構築，それに基づく新サービス，およびニュービジネスの開発が重要であることを学んでいきたい。

2.2　さまざまな交通環境での技術革新と都市生活にもたらされる変化
　　　−技術革新で運行者と利用者の双方の行動が変容する−

　この節では，さまざまな情報通信技術が，交通運輸環境さらにはわれわれの都市生活の質的向上にもたらす効果について，交通環境別に概観する。とくに近年の技術の革新が，交通の運営側と利用者サイドの行動や意思決定に与える変容を述べる。

2.2.1　鉄道環境での変容
①時空間コンピューティングシステム
　鉄道環境では，GPS（Global Positioning System：全地球測位システム）などの衛星測位システムが重要なインフラストラクチャーになっている。GPS活用の最大の特徴は，静止点・移動体を問わず，3次元の絶対位置，すなわち緯度，経度，高度を高精度かつリアルタイムに計測できる点である。同時に，正確な時刻情報を得ることができるので，移動体の位置情報や移動に関する時刻情報を正確に把握することができ，移動状況を追跡できることが大きな魅力である。

　GPSはアメリカの国防総省と運輸省が運用・管理するシステムである。30機以上の測位衛星が地球を周回している。われわれ生活者は，GPS受信機を持つことでGPS衛星からの信号を受信でき，結果として緯度，経度，高度の位置情報を時刻情報付きで高精度かつリアルタイムに計測できる。読者の皆さんの多くも，自家用車の運転席の周囲にGPS受信アンテナを設置していると

思う．衛星から送信される信号がマイクロ波であるため，受信アンテナ自身が小さく，比較的導入が安価で済むこともメリットである．受信機は，小型化や高精度化が進んだことで，最近ではスマートフォンをはじめとしてさまざまな機器に組み込まれている．

GPSは，地上設備（大きなインフラストラクチャー）に依拠することなく，位置と時刻を正確に把握できることである．そうした大きなメリットもあるが，デメリットもある．その最大の懸念は，トンネルなどの地上から隠れた場所の位置情報把握であった．しかし最近では，トンネルや地下駅などでも，地上側に簡単な地点発信用の機器を設け，その情報を運行管理システムに無線で発信させてGPSの情報に加えることで，全区間にわたり正確な運転支援が可能になっている．鉄道の環境では，GPSの活用事例が多く見られる．車輛の位置検出や装置間の同期をとる場合にGPSを活用する場合が多く，以下のような

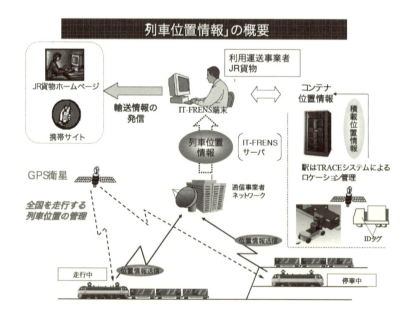

図2.6　JR貨物の列車位置情報提供のイメージ

リアルタイムで列車位置情報を把握し，2分に1回データを更新する．コンテナ輸送のトレーサビリティ向上を実現している．[日本貨物鉄道株式会社（JR貨物）ホームページ（http://www.jrfreight.co.jp/common/pdf/news/200903-03.pdf）より許諾を得て転載]

応用可能性がある。
 ・移動体の位置情報の提供：GPSで走行列車の位置情報を正確に把握し，列車運行管理，駅やスマートフォンでの列車運行情報提供などに援用する（図2.6, 2.7）。
 ・移動体の安全管理の支援：GPSでの位置情報を路線情報と組み合わせて用い，運転支援や列車制御，車輌機器の制御，作業支援や検測などに援用

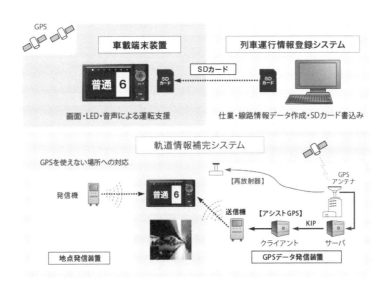

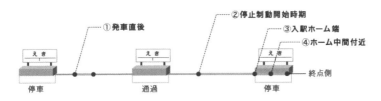

図2.7　運転士支援システム GPS Train Navi（近鉄車両エンジニアリング）
　上から順に，システム構成，注意喚起のイメージ，車載端末装置（次ページ参照）を示す。リアルタイムでの位置情報把握が可能で，緊急時の入線番線変更などの情報もすぐ旅客に提供が可能である。
［近鉄車両エンジニアリング・ホームページ（http://www.kre-net.co.jp/product/drivingsupportgps/）より許諾を得て転載］

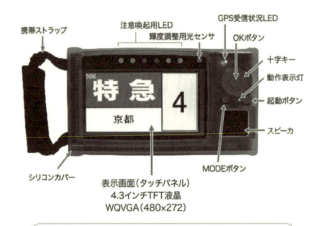

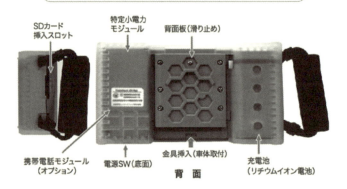

図 2.7 （つづき）

する（図 2.8）。

・その他：列車制御や工事時の保守車輛接近警報提供，コンテナ荷役作業管理。

図 2.7 は，近畿車輛エンジニアリングの "GPS Train Navi" である。これを用いることで，車輛の現在位置を特定でき，運転士には制動などの操作が必要な場所で画面と LED の光で注意喚起を行なえる。トンネルや地下駅などの GPS が利用できない区間でも，地上側に位置情報発信設備を設け，全区間で

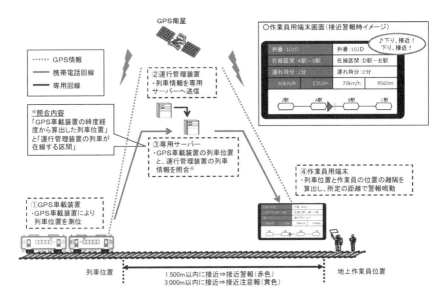

図 2.8　JR 東日本開発の "GPS を活用した列車接近警報装置" のイメージ
[JR 東日本ホームページ（https://www.jreast.co.jp/press/2015/20150902.pdf）より許諾を得て転載]

正確な運転支援が可能になっている。緊急時の入線番線変更などの情報もただちに受信できる。

図 2.8 は，JR 東日本開発の "GPS を活用した列車接近警報装置" である。列車搭載の GPS 車載装置，専用のサーバ，地上作業員が持つ作業員用端末の 3 つで構成されているシステムである。GPS 車載装置で測位した列車位置情報を基に，列車の接近や距離を作業員に知らせ安全な作業環境の構築に寄与するものである。こうした保守点検部門の安全な工事・点検作業の支援にも情報技術が貢献する。

②マルチメディアシステム

マルチメディアとは，文字や音声，動画，静止画などの複数のメディアをコンピュータの利活用で表現する技術とシステムのことである。それぞれの媒体を組み合わせて電子的に扱い多彩な表現を可能にするシステムである。身近な

図 2.9 東京急行電鉄武蔵小杉駅に設置されたマルチメディアホームドア
日本信号株式会社，旭硝子株式会社が共同開発したもので，2016 年夏に東京急行電鉄でも利用者の多い武蔵小杉駅と溝の口駅で実証実験が開始された。

例でいえば，文字・画像・動画などを複合させて，かつインタラクティブ（双方向）に操作ができるウェブのシステムは，マルチメディア表現の代表的な事例である。

たとえば，**図 2.9** のようなマルチメディアホームドアは，近年のマルチメディア活用のユニークな事例の一つである。これは，鉄道のユニバーサルデザイン化と効果的な情報提供の一石二鳥を狙った事例である。東京急行電鉄株式会社と日本信号株式会社，旭硝子株式会社が協働し開発したものである。2016 年夏に東京急行電鉄でも利用者の多い武蔵小杉駅，溝の口駅で実証実験が開始された。

このマルチメディアホームドアは，AGC 旭硝子が開発したガラス一体型デジタルサイネージ "infoverre®（インフォベール）" を三菱電機や日本信号が製作したホームドアの戸袋部分に配置して，東京急行電鉄がコンテンツ配信の仕組みと運用モデルを構築する役割分担で実現したものである。実証実験では，鉄道の業界最大規模となる 55 インチサイズのデジタルサイネージを組み込んでいる。

こうしたマルチメディアホームドアの活用で，前述した GPS による列車位置情報を提供できる。また，ホーム上の危険も告知することができ，視覚や音声の双方から注意喚起が可能である。あわせて多様な広告を視覚や音声の双方

を経由して行なえるので，広告のユニバーサルデザイン化にも貢献する。近年，都市生活学の新しい分野として「集客学」というものがある。たとえば，筆者が勤務する東京都市大学都市生活学部でも川口和英教授・学部長が先導的に研究を行なっている。人を集め，つないでいくための方法論を研究する学際領域である。各駅や周辺エリアの広告をこうしたデジタルサイネージで流すことで，エリアの集客にもつながることが期待されている。マルチメディアホームドアなどについては，集客学による効果検証も期待したい。

《デジタルサイネージとは》
屋外・店頭，公共空間，交通機関など，あらゆる場所でディスプレイなどの電子的な表示機器を使い情報を発信するシステム。ディスプレイの発展，デジタルネットワークや無線LANなどで，都市生活者に深く届く新しい情報発信が可能である。

こうしたデジタルサイネージの活用は，駅だけではなく車内にも及びはじめている。JR東日本の山手線では，新車E235系の量産車がすでに運行を開始している。この車輌の車内での最大の見所は，従来の広告スペースにディスプレイが設置されているところである。これにより，従来の紙の広告と異なり，告知情報をリアルタイムで配信することができる。あわせて，紙を使う広告を縮小することで紙の量を減らすことができ，長期的なエコデザインへの期待も持てる（図2.10）。こうした流れは今後の車輌開発にも反映されるはずである。
　さらに，クーポン発行サイネージも開発されている。図2.11のとおりであるが，スマートフォンをデジタルサイネージの機器のリーダーにかざせば，事前に登録した生活者の志向や行動特性に合った店舗のクーポンを発行する仕組みである。こうした機器を駅に置くことで，駅ナカや駅周辺エリアへの集客促進効果を期待できる。こうして，マルチメディア技術は鉄道の利用者支援に有用である。

③ビッグデータの収集と分析
　読者の皆さんも，ビッグデータという言葉を近年よく耳にすることと思うが，

図 2.10　電車の車内のデジタルサイネージの例

　山手線の新型車輌である E235 系は，デジタルサイネージを強化した車輌になっている．窓上広告のエリアが紙から液晶画面に変更された．車内広告の電子化で，長期的にエコデザイン化も期待できる．
［下の写真提供：JR 東日本］

図 2.11　名古屋駅で実施されたクーポン発券機能付きのデジタルサイネージの実証実験

　駅利用者がデジタルサイネージを見て，凸版印刷提供の電子チラシポータルサイト"Shufoo!"のスマートフォンアプリを起動すると，サイネージに設置された Bluetooth タグから情報がプッシュ配信される．そして，特設サイトへアクセスしてアンケートに答えると，サークル K・サンクスで利用可能な「キリン一番搾り生ビール（350 ml）缶」の無料引換クーポンが発券されるしくみである．［AdverTimes ホームページ（https://www.advertimes.com/20150331/article187964/）より許諾を得て転載］

これはインターネットの普及やコンピュータの処理速度の向上で生成・蓄積がなされる大容量のデジタルデータ群をいう。近年では，ブログをもち情報発信を行なう個人も増え，Facebook，Twitter，Instagram，mixi などの SNS（ソーシャルネットワーキング・サービス）の利用者も増加している。YouTube などの動画配信サイトで情報をアップロードし，それを視聴する人々も増えている。これらの利用履歴が，インターネット上のさまざまなコンピュータサーバに蓄積されている。

近年，ビッグデータを高速かつ簡単に分析できる技術も登場している。リアルタイムでビッグデータを適切に分析すれば，従前は思いもしなかった都市生活者の新たな志向や行動のパターン，ルールを見つけることもできる。そしてその情報に基づいて，都市生活者に向けての新しいサービスも提供することができる。

とくに注目されているのが，Suica や Pasmo などのいわゆる交通系 IC カードで得られる生活者の行動履歴である。読者の皆さんの多くも，1 枚は交通系

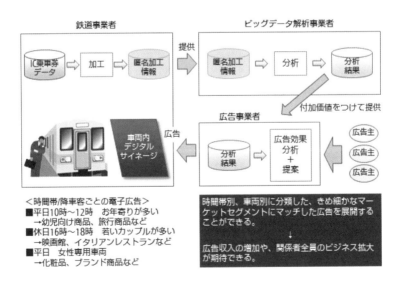

図 2.12　道利用者の行動履歴を IC 乗車券から取得し，データを有効に活用する効果的なイメージ
　IC カードの利用履歴に基づき，デジタルサイネージにかざすだけでクーポンが発券されるような技術連携も可能で活用が期待される。［富士通総研ホームページ（http://www.fujitsu.com/jp/group/fri/column/opinion/201612/2016-12-4.html）より許諾を得て転載］

のICカードを所持して生活しているはずである。近年では，最大手のSuica
と互換性をもたせる各地域の交通系ICカードも増え，全国の多くの列車に1
枚のICカードで乗り，また買物の決済も済ませられるようにシフトしている。
多数の都市生活者の移動の履歴や購買の履歴を収集することが可能で，これら
を分析することで多くの人の生活志向や行動パターンを明らかにすることがで
きる。あわせて，生活者群の行動特性に関する抽象論の導出だけでなく，個別
の行動履歴も取得でき，結果的には，マスのサービス改善，個人的なサービス
改善の両方が実現可能になる。そうした観点でビッグデータ活用は注目されて
いる（図2.12）。

　図2.13［口絵］のように，ビッグデータは鉄道建築分野でも活用されている。
鹿島は，歩行者シミュレーションシステム"Sim-Walker®"を開発し，現在の
歩行者流動を基にして駅改良工事中の歩行空間の安全性・円滑性を予測して，
改良計画に反映させるシステムを開発している。歩行者の挙動を動的に再現す
ることが可能であり，現実的な利用者量に基づいた駅改良工事の推進に貢献し
ている。

　さらにJR東日本は，ビッグデータを利活用して列車運行や駅に必要な電力
を予測する取り組みを始めると公表している（2016年時点）。鉄道が消費する
電力は膨大で，当然，朝夕のラッシュ時と昼間の換算時で大きく変動し，発電
所の稼働にも大きな影響がある。このJR東日本の計画は，気象情報や沿線で
のイベント情報などの外部データを収集して，運行ダイヤなどの自社データと
統合的に分析を行なうことで，トータルの省エネにつなげる目標で行なわれる。
鉄道会社は自社発電設備を持ち，大手電力などの電気でそれを補う。JR東日
本の場合は，2014年に約58.2億キロワット時の電力を消費し，うち32.7億キ
ロワット時を自社の水力・火力発電でまかなっている。残りは外部購入分であ
る。専門担当者が1日に必要な電力量を予測し，自社電源の発電量と電力会社
からの調達量を決めており，これを効率化するためにビッグデータを活用する。
現行の制度では，予測が外れると，朝夕の旅客の集中時などに電力会社から契
約電力量を超えた割高な電力を購入することになり，これを回避する目標の下，
2017年度の完成をめざしている。

　近年では，鉄道会社が電力事業に参入する例も出ており，無駄のない発電も

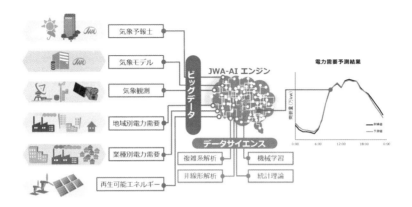

図 2.14　日本気象協会の電力需要予測システムのイメージ
［日本気象協会ホームページ（http://www.jwa.or.jp/）より許諾を得て転載］

事業採算を維持するうえでの大きなテーマである。電力の予測というのも，ビッグデータ活用の重要なテーマである。すでに図 2.14 のようなシステムも存在する。

④ ウェブサービスとの各種連携

利用者への新たな情報サービスを提供する鉄道関連のウェブサービスの構築も，重要なサービス改善のテーマである。ウェブサービスは読者の皆さんにもなじみ深いと思うが，改めて定義するとおおむね次のようになるので再度確認してほしい。

《ウェブサービス》
インターネットの標準技術を応用し，他のウェブサイトのソフトウェアシステムを呼び出し利用する仕組みと，その仕組みで提供されるサービス全般。鉄道関係に限定していうと，列車時刻などの検索サービス，観光商品の情報やデータベースなどに外部からアクセスして，要求する情報やデータの提供を受けること。

鉄道でのウェブサービスの代表例として，その名のとおり「鉄道ウェブサー

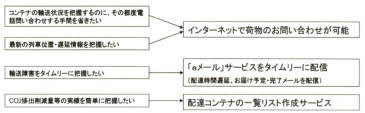

図 2.15 鉄道ウェブサービスのシステム概要図
［日本貨物鉄道株式会社（JR 貨物）ホームページ（http://www.jrfreight.co.jp/common/pdf/news/201004-04.pdf）より許諾を得て転載］

ビス」というものがある。これは，鉄道を利用した貨物の輸送状況をユーザがインターネットですぐにわかるシステムである。それまで客が利用しているコンテナの輸送状況を把握するには，電話や FAX が使われてきた。ゆえに手間がかかり検索時間も要していたが，リアルタイム性が付与され改善がなされた（図 2.15）。

これは，JR 貨物やヤマト運輸株式会社，株式会社合通，札幌通運株式会社，センコー株式会社，中央通運株式会社，トナミ運輸株式会社ほか 14 社が協働し，システムを運営している。すなわち，鉄道貨物輸送業者と自動車貨物輸送業者が協働のかたちで運営している。ユーザは，インターネットに接続できるパソコンがあれば，会員登録をするだけで利用可能である。システムの導入・運用コスト，登録料や会費も不要で，気軽に利用できる。また，鉄道・トラックでの輸送中の最新の輸送情報がリアルタイムに提供されるとともに，輸送プロセスに鉄道輸送を併用することで，すべてトラック輸送をしたときと比較して削減できた二酸化炭素の量も案内される。すなわち，情報技術がエコデザインの推進に寄与する事例でもある。

2.2 さまざまな交通環境での技術革新と都市生活にもたらされる変化　39

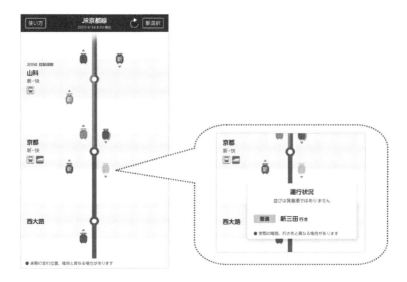

図 2.16　JR 西日本の列車位置情報サービスのイメージ

［JR 西日本ホームページ（https://www.westjr.co.jp/press/article/2017/04/page_10335.html）より許諾を得て転載］

　そして，鉄道のウェブサービスで忘れてはいけないのが，列車運行情報のリアルタイムな提供サービスである。今はパソコンやスマートフォン（アプリ利用なども含む）で列車運行情報を容易に見ることができる。図 2.16 は，JR 西日本の例である。これは，前述した GPS などによる列車の位置情報把握技術との連携で効果が高まる。個々の情報技術の連携は新しい価値を生み出すので，読者の皆さんにも，今後の研究でイノベーション融合による価値創造を重視してほしい。

⑤クラウド・コンピューティング

　クラウド・コンピューティングは，インターネット時代の新しい企業向けのコンピューティングサービスである。従来の通常の企業コンピュータシステムは，コンピュータ本体を企業内部に置き，必要に応じ逐次ネットワークに接続する集中管理型の運用をしてきた。1990 年代までのコンピュータ本体やネットワークの接続料が高価だったときには，集中管理システムが経営的にも効果

的であった。ところが2000年以降は、コンピュータ本体の価格やネットワークの接続料が大幅に値下がりし、常時接続も経営的に容易となった。今日では、多くのサービスが自社内の集中管理コンピュータでよりも、ネットワーク上にある多くのプロバイダが管理するサーバ上で展開するほうが安価で、かつ安定的なサービスを提供できるようになった。企業はサーバを独自に購入・設置する必要がなくなり、使ったぶんだけの課金でよく、プロバイダ側の自動バージョンアップなどで最新の情報環境で情報処理を行なえる。要は限られた人数でサーバコンピュータを管理する必要もなく、セキュリティ保護対策などに気を配る必要性もなくなる。簡単にいえば、企業外のインターネットに接続されているコンピュータを使わせてもらい、企業内で必要な情報処理をさせてもらうイメージである（図2.17）。

鉄道環境でも、こうした情報の管理・処理をクラウド・コンピューティング技術で、企業外にて実施することが増えている。図2.18は、札幌市交通局と富士通の展開事例である。前述のデジタルサイネージの広告管理などを交通局の外で行なえるようにした事例である。鉄道事業者は全般的にモータリゼーションで経営が苦しい。こうした技術は人件費の削減に寄与するので注目されている。

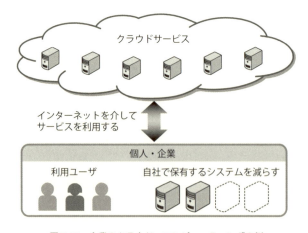

図2.17　企業のクラウド・コンピューティングの例
自社で保有するコンピュータを極力減らし、インターネット上でプロバイダが提供するサービスを利用するイメージ。自社でのセキュリティ保護や人件費に気を配る必要がなくなる。

2.2 さまざまな交通環境での技術革新と都市生活にもたらされる変化　41

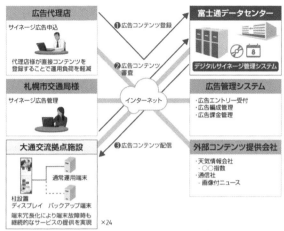

図 2.18 デジタルサイネージ広告システムの広告コンテンツなどを鉄道事業者が持たずにクラウド・コンピューティングによって事業者外で行なう事例
　事例の札幌市交通局は，これにより人件費やセキュリティの負担軽減を目指す．［富士通ホームページ（http://fenics.fujitsu.com/networkservice/digital/casestudies/sapporo-tb/）より許諾を得て転載］

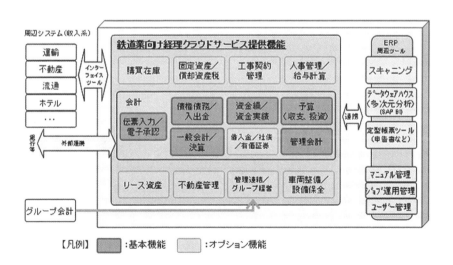

図 2.19 NECとアビームコンサルティングによる鉄道事業者向けの経理クラウドサービス提供機能
　鉄道事業者は，上記内容を企業外に依頼することが可能である．［日本電気株式会社ホームページ（プレスリリース2010年12月8日付，http://www.nec.co.jp/press/ja/1012/0801.html）より許諾を得て転載］

ほかにも，鉄道事業者の経理システムをクラウド・コンピューティング技術により自社外で進めるシステムも販売されるようになっている。図 2.19 は NEC とアビームコンサルティングが提供する経理システムである。同等の経理基幹システムを自社で構築・運用するのに比べ，5 年間で最大 30％のコスト低減が見込めると試算している。こうした経営支援システムのクラウド・コンピューティングも可能であり，やはり人件費やセキュリティの面でメリットが大きい。

⑥ソーシャル・コンピューティング（SNS 活用）

　Twitter や Facebook，Instagram，mixi などのソーシャルメディアが隆盛をきわめている。リアルタイムで生活者が情報を発信でき，それらの共有も可能である。読者の皆さんも，鉄道の人身事故や車輛故障などの運行トラブル時にソーシャルメディアの情報を見ることがあると思う。情報の信頼性でいえば，鉄道会社の公式サイトに勝るものはない。しかし，たとえば生活者目線の情報が Twitter で気軽に書き込まれているものを総合的に判断すれば，行動の意思決定に有効なこともある。すなわち，利用する路線を変え目的地に行くこともできる。むろん，ソーシャルメディア上の情報は生活者の主観的なものも多く，客観性や信頼性に劣るものも多い。しかし，教育現場でもソーシャルメディア

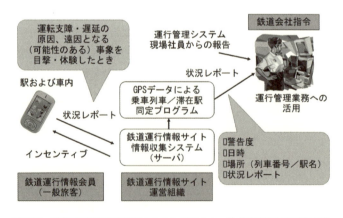

図 2.20　鉄道での利用者参加型センシングのイメージ（鉄道総合技術研究所）
［公益財団法人鉄道総合技術研究所ホームページ（http://www.rtri.or.jp/rd/division/rd47/rd4750/rd47500115.html）より許諾を得て転載］

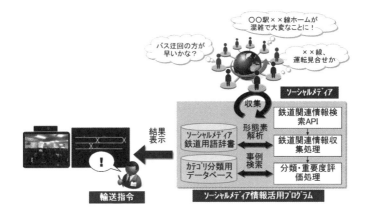

図 2.21　ソーシャルメディア情報の鉄道運行管理活用プログラムのイメージ
［公益財団法人鉄道総合技術研究所ホームページ（http://www.rtri.or.jp/rd/division/rd47/rd4750/rd47500115.html）より許諾を得て転載］

活用のリテラシー教育が進んでおり，この活用はもはや無視できないものになっている。

　たとえば，鉄道総合技術研究所では，旅客がソーシャルメディア上に発信する情報を運行管理へ援用する可能性を研究している。情報の重要度の判定手法を構築して活用可能性を評価している。**図 2.20，2.21** がそのイメージである。

　ソーシャルメディアで発信された情報の蓄積自体が社会調査であり，蓄積がなされた情報はビッグデータとなる。今後発展するものとしては，鉄道の駅や車輌，人的な対応，駅ビルなどでの鉄道環境での不平や不満に関して発信された情報をビッグデータとして収集・解析して，サービスの改善に成果を還元する分野である。また，高齢者や障がい者，子どもの親，外国人らが発信する鉄道環境のバリア情報を解析し，ユニバーサルデザイン化の計画につなげるというソーシャルメディアの活用方法も期待される。こうしたソーシャルメディアの鉄道サービス改善への有効活用は，今後さらなる発展が期待される分野である。

　ソーシャルメディア活用とビッグデータ解析も相関性が高く，個々のイノベーションを融合させることで，さらなる価値創造が図れる未来性のある分野である。

⑦ ユビキタス・コンピューティング

　ユビキタスという言葉も，2000 年以降にだいぶ社会になじんできた。語源はラテン語で，「いたるところに存在する（遍在する）」という意味である。これが転じて，情報用語では「インターネットなどの情報ネットワークに，いつでもどこからでもアクセスできる環境」をいうようになった。ユビキタスの環境が社会に波及すると，場所にとらわれない働き方や娯楽が実現できるようになる。「ユビキタス・コンピューティング」や「ユビキタス・ネットワーク社会」のようにも使われる。ちなみに，ユビキタス・コンピューティングは，メインフレーム（複数で 1 台を使用），PC（1 人 1 台使用）に続く，1 人が複数のコンピュータを使う第 3 コンピューティング世代を示したものであり，マーク・ワイザーが提唱した。アクセスに使う端末は，パソコンやスマートフォン，携帯電話などに限定されず，家電（冷蔵庫や電子レンジなど）や自動車，自動販売機などもインターネットに接続することができる。まさに，IoT（Internet of Things；あらゆる物がインターネットを通じてつながることによって実現する新たなサービス，ビジネスモデル，またはそれを可能とする要素技術の総称）とも親和性が高まっている。

　ユビキタス・コンピューティングの代表的な鉄道環境の事例は，JR 東日本のモバイル Suica のようなスマートフォンと IC カード機能の融合システムで

図 2.22　モバイル Suica の利用

　初期は，ユーザの操作によってクレジットカード引き落としなどでチャージがなされていた。最近では，オートチャージもできるようになっている。いつでもどこでも決済に困らないようになっている。
［ビューカード・ホームページ（https://www.jreast.co.jp/card/function/autocharge/use_mobile.html）より許諾を得て転載］

図 2.23 センサの技術とインターネット技術を掛け合わせることで，人や物の位置情報把握，人の健康や生活状況の見守りなどが可能になる（富士通の事例）
［富士通（プレスリリース 2016 年 1 月 20 日付（http://pr.fujitsu.com/jp/news/2016/01/20.html）より許諾を得て転載］

ある（図 2.22）。カード式 IC カードでは，いつでもどこでも電子マネーをチャージするわけにいかない。しかし，インターネットが場所を選ばず利用できる現代では，いつでもどこでも IC カード機能付きのスマートフォンに電子マネーのチャージができる。たとえば，僻地に出張してコンビニエンスストアで物品を買うときでも電子マネーがスマートフォンにチャージできるようになり，決済には困らない。

ユビキタス・コンピューティングの重要な応用例としては，人や物の追跡機能（トレーサビリティ機能）もあげられる。たとえば，センサ技術とインターネットを融合させることで，高齢者・障がい者や子ども，一時的に病気を患っている人の移動状況を家族が把握できるようになる。移動に心配な面がある人々の追跡が可能になっており，物品の輸送にもこうした追跡技術が応用できる（図 2.23）。

IoT 時代となり，インターネットにつながった人や物などの情報をいつでもどこでも得ることができるようになる。そして，集めたビッグデータを解析することで新しい問題発見が容易にできるようになり，交通環境改善を実現可能である。まさしく，ユビキタス・コンピューティング × IoT × ビッグデータでのイノベーション融合が可能である（図 2.24）。交通運輸情報分野の研究の

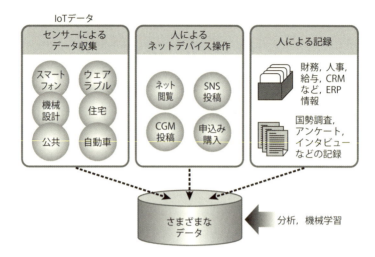

図 2.24 IoT 時代となり，インターネットにつながった人や物の情報をいつでもどこでも得ることができるようになる

集めたビッグデータを解析することで，新しい問題発見が容易にできるようになり，交通環境の改善を実現可能である。

愉しみは，こうした各種情報技術のイノベーションを融合させ，われわれ都市生活者の生活の質的向上を図ることにある。読者の皆さんにもぜひこの点に注目してほしいと思う。

⑧ クロスカルチュラル・コンピューティング

クロスカルチュラル・コンピューティングは，読者の皆さんにとって耳慣れない言葉であると思う。交通機関に限って表現すると，異文化からの利用者の交通機関利用を支援したり，異文化や異分野の交通機関関係者の協働・協調の支援をしたりすることをいう。異文化や異分野の人をコンピュータ技術でつなげ，協働や協調を促進させることを，クロスカルチュラル・コンピューティングという。

これの代表例は，筆者と共同研究をしている A・T コミュニケーションズ株式会社が事業化しているフラッグ QR である。詳細は拙著『近未来の交通・物流と都市生活』（慶應義塾大学出版会，2016 年）をご覧いただきたいが，ロゴ Q を活用して，旗の絵を挿入する。それをスマートフォンで読み取るだけで，

その旗の国の母国語で交通案内を流すことが技術的には可能になっている（**図2.25**［口絵］）。

本技術を駅の構内の案内，駅を拠点にした観光地の案内に用いれば，日本以外の異文化圏の外国人の行動支援に大きく寄与することができる（**図2.26**［口絵］）。

以下では，上記の鉄道での情報技術の活用事例をベースに，さまざまな公共交通機関での情報技術の活用について概観する。とくに鉄道での導入事例が進んでいるので，頁数の制約も考慮しつつその理解を前提として，技術的差分を述べる。

2.2.2 バス環境での変容
①時空間コンピューティングシステム

路線バスについては，モータリゼーションの進展などで近年，各地で利用者が大きく落ちており，運行本数を減らさざるをえないケースも多い。モータリゼーションは，自家用車増加→交通渋滞→路線バスのダイヤ通りでの運行の妨げ→路線バスへの信頼性低下→本数減便→やむなく路線バス廃止，という現象を各地で産んでいる。また，筆者が関連研究で調べたところ，路線バスを待てる時間は最大で15分と回答する都市生活者が多い。渋滞などで15分を超えると，タクシーなどにやむなく移行したり，移動距離によっては歩いたり友達を呼んで自家用車で運んでもらう選択肢を考えるようになる。それゆえ，時空間コンピューティングの技術で，バスの現在位置をスマートフォンや携帯電話，パソコンなどで把握できるようにすることは，都市生活者の効率的で効果的な行動の支援になる。鉄道と異なり，車輌運用上，専用路を通行しないうえに，他の自動車の影響も受ける路線バスこそ，車輌位置情報把握は生活者に望まれるシステムである。

筆者が専務理事を務めている日本イノベーション融合学会の仲間である鴫原育子氏らが率いる「見えバス©」は，そうしたバス車輌の現在位置情報の把握をめざしたシステムである。バスにGPSを搭載して，路線バスの利用者にバスの位置情報をインターネット経由で提供するサービスである。これを使うことで「いつでも・どこでも・ワンタッチで」地図上でバスの現在位置がわかる

第 2 章　「軽薄短小なサービス分野」としての都市交通

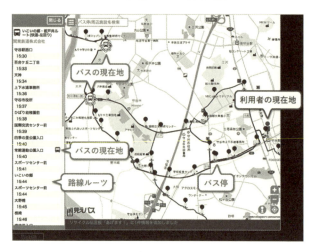

図 2.27　見えバス©のイメージ

　スマートフォンやパソコンの画面で，利用者は現在地とバスの接近情報を把握することができ，路線バスが来るまでの時間を有効に活用することができる。イメージは茨城県守谷市での導入事例である。［見えバス©・ホームページ（http://www.msioc.co.jp/miebus_official/overview/index.html）より許諾を得て転載］

図 2.28　見えバス©の画面イメージ

　市役所などの行政情報やバスの沿線企業の広告も掲載できる。路線バスを通じた沿線の情報交流ツールとして活用できる。［見えバス©・ホームページ（http://www.msioc.co.jp/miebus_official/overview/index.html）より許諾を得て転載］

ようになっている．スマートフォンやパソコンからアプリケーションをダウンロードして登録すれば，いつでもワンタッチで，地図上で自分の現在地と近くにいるバスが表示されるようになっている．利用者の現在いる場所および路線バスの現在位置のほか，路線バスのバス停名をクリックすると時刻表なども表示され，市役所や周辺の情報，天気予報（気象庁情報）なども把握することができる（図 2.27）．あわせてコミュニティの各種情報も掲載できて，地域活性化にもつながる（図 2.28）．

ほかにも，NFC カード（NFC とは Near Field Communication；13.56 MHz 帯周波数を使った近距離無線通信技術．通信距離は約 10 cm と短いが，非接触 IC カード技術と同様にタッチするだけでデータをやりとりできる）をバス車輌に搭載のスマートフォン装置にセットして，カードを読み込ませるだけで，当日の運行ルートもセットできるようになっている（図 2.29）．あわせて，路線・便ごとに停留所（区間）別の乗降者数を日々記録し，利用状況報告書として月ごとにまとめることもできる．バス利用状況は，電子データ（CSV ファイルなど）の様式でまとめられる．路線バスの利用者とともに，運行そのもの，バス運行上のデー

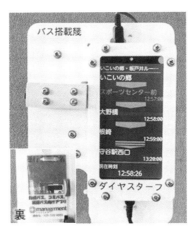

図 2.29　NFC カードを差すだけで当日の運転手の路線バス運行ルートがわかる（いわゆるダイヤスターフ）
　従前は，こうしたダイヤスターフも紙で印刷されていた．完全デジタル化が可能であり，紙を減らせてエコデザイン化にもつながる．［見えバス®・ホームページ（http://www.msioc.co.jp/miebus_official/overview/index.html）より許諾を得て転載］

図 2.30　京都駅前のマルチメディア路線バス案内システム

タ収集・分析から意思決定も支援できる。こうした総合的な路線バスの運行支援システムが完成している。こうしたサービスも，時空間コンピューティング技術がなせる技の一つである。

②マルチメディアシステム

　最近では，バスの総合案内のデジタルサイネージを，駅前やバスターミナルの構内に設置する例が増えている。とくに筆者の研究室の学生が卒業論文執筆時に調べたところ，海外から来た外国人観光客の不満事項として，「日本では交通機関のスタッフや市民の英語力が著しく劣っている」，「ただし，懸命にいろいろと工夫して情報を知らせる努力は行なっている」という結果があった。後者のよい評価としては，とくに路線バスの乗車支援のためのデジタルサイネージの拡充も評価の要因になっていた。図 2.30 は京都駅前の路線バス総合

図 2.31　音声案内も付いているマルチメディア技術の事例
最近の路線バス車内では，英語・中国語・韓国語との併記型次停留所案内システムが増えている。

案内システムであるが，外国人でも行きたい観光施設と乗るべき路線バスを把握できるようになっている。先述した見えバスのようなスマートフォンでの移動支援が効果的ではあるが，外国人や高齢者，障がい者にはスマートフォンほかの電子機器活用が難しい場面も多々想定され，視覚・聴覚・触覚（点字など）を駆使したこうしたインフラ整備が今後も期待され，車内での展開も同時に期待される（図2.31）。

③ビッグデータの収集と分析

　路線バス事業は，モータリゼーションの進展で全国的に危機的な状況である。筆者が調べたところ，日本のバス事業者の80％以上は赤字である。象徴的なことをいえば，都市部で220円の均一運賃をとっていても，バス運転士や整備士の高齢化と若年層運転手の雇用抑制が続き，おおむね7～8割は人件費にまわっている。バスの車輌費も，従来の2ステップ車が1台約1,500～1,600万円であったところ，ユニバーサルデザイン化や低公害化の対策を求められステップの少ない車や低公害車の導入を余儀なくされ，1台2,100～2,200万円程度の支出になっている。こうした状況では，限られた資源の最適配分が問題解決に必要であり，ビッグデータの収集と解析がその重要なツールになるわけである。

　一例をあげると，国土交通省はBRT（Bus Rapid Transit；専用路を走行する快速バスのこと）の導入，バス路線の再編を行なった新潟市および新潟交通株式会社を対象にモデル事業を実施した。具体的には，ビッグデータを有効に活用するかたちで，路線バス事業者が導入できる地方路線バス事業経営革新ビジネスモデルの実施マニュアルをとりまとめた。公共交通ネットワークの縮小およびサービス水準の一層の低下が起こらないよう，最適な経営資源配分につながるモデルの構築を目標にしている。具体的に図2.32へ書かれたモデル構築を行なっている。

《国土交通省の地方路線バス事業の経営革新ビジネスモデル概要》

　　　・ビッグデータなどの交通関連データに基づく交通需要などの分析評価
　　　・「望ましい公共交通網のすがた」「潜在需要の獲得と需給バランスに応じた路線の見直し」「顧客獲得に向けたサービス品質の向上」「収支の

52 第2章 「軽薄短小なサービス分野」としての都市交通

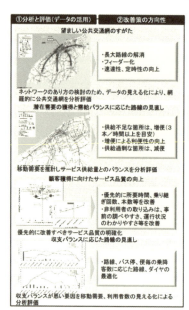

図 2.32 国土交通省が実施している地方路線バス事業経営化革新モデルの概要
新潟市内がフィールド。今の公共交通網や利用状況に関するビッグデータを収集・分析して，路線バスの見直しや新路線設置・再編の意思決定につなげることができる。ビッグデータのバス事業への活用例として注目できるシステム。[出典：国土交通省ホームページ（https://www.mlit.go.jp/common/001124992.pdf）]

バランスに応じたバス路線の見直し」の4つの側面から公共交通網を分析評価
・上記の分析評価に基づく，総合的なバス事業改善策提案と数値目標の設定

こうして，交通の実状に関するビッグデータの収集と分析は，新路線開設および路線網再編の意思決定につながり，今後もバス事業の適正化に向け期待できる。あわせて，鉄道などでも同様であるが，SNS上などで発信されたバス利用上の不便や課題点，問題点のビッグデータを分析すれば，利用者のナマの思いをより精緻に知ることができる。こうした都市生活者が発信する声の集まりであるビッグデータも将来の新しい路線バスのサービスにつなげることがで

き，期待も大きい．

④ウェブサービスとの各種連携

ウェブサービスは，バス事業でも多くのバス事業者が展開している．基本的に多くのバス事業者が公式ホームページをもち，パソコンやスマートフォンなどで停留所ごとでの時刻表検索，ルート検索，乗り換え案内を行ない，事業者によりユニバーサルデザイン対応の車輌や乗降場の案内なども行なっている．図 2.33 は東京都交通局の公式ホームページであるが，音声にも対応しており，視覚障がい者の支援も行なっている．マルチメディア技術との融合で，あらゆるチャネルで路線バスの運行に関する情報を把握できるようになっており，たいへん便利である．

こうしたバスのウェブサービスは，職場や大学などのローカルな環境で構築することで意義が大きくなる場合もある．図 2.34 は筆者が上席所員を務めている慶應義塾大学 SFC の "SFC BUS" である．学生（当時）の鶴田浩之さん

図 2.33　東京都交通局の都営バスの公式サイト
路線ごとの運行状況や車輌の接近情報，デジタル時刻表，ルート検索などが，モニター上でリアルタイムに確認できる．音声読み上げ対応で，マルチメディア化にも努めている．さらにはアンケートも行なっており，より統合的なウェブサービスを利用者に提供している．［提供：東京都交通局］

図 2.34　慶應義塾 SFC 学生（当時）の鶴田浩之さん制作の iPhone アプリ "SFC　BUS"
学生の立場から，同じ大学のバス利用者を支援しているユニークな事例である．[鶴田浩之の個人ブログ（http://www.mocchiblog.com/）より許諾を得て転載]

が提供しているサービスである．iPhone の位置情報を使い，現在地からいちばん近いバス停の時刻表をアプリが自動的に判断して表示する機能，曜日ごとにちがうダイヤや「次のバス」を表示する機能，次のバスまでのカウントダウン表示のほか，1 本ごとのバスの「混雑指数」も表示されているのがユニークである．混雑指数は，実態調査でより精緻化できる．こうしたサービスは，同じ職場の人がつくって提供することで，その環境に精通する立場からのユニークな情報提供をすることも可能になる．

　実は慶應義塾大学 SFC は郊外型キャンパスのはしりであり，最寄りの小田急電鉄湘南台駅や JR 東日本辻堂駅から路線バスを利用しないと，アクセス自体が難しいキャンパスである．筆者も学部・大学院修士課程・大学院後期博士課程とじつに丸 9 年間，電車とバスで通学した．沿線には工場や事業所，団地などもあり，路線バスは時間帯により混雑してかなり遅れることもしばしばであった．ゆえに，情報技術や情報社会に関する教育に力を入れることで有名な慶應義塾大学 SFC（総合政策学部・環境情報学部）では，しばしばデジタル時刻表などのウェブサービスを開発し，キャンパスの教職員や学生に提供する例が

見られた．開発者の労力に敬意を表すると同時に，しっかりした情報技術教育・情報社会教育を行なえば，大学生もウェブを用いた情報提供サービスが可能な時代になっている．

⑤ **クラウド・コンピューティング**

バス事業でもクラウド・コンピューティングの技術は活きてくる．とくに現在注目されている自動運転との相性もよい．近年では，前述のとおりでバス事業の経営悪化がモータリゼーションのあおりを受けて進んでいるため，人件費高騰を抑える観点で，無人運転・自動運転の導入が期待され，各方面で小型バスサイズからの研究・開発が進んでいる．たとえばIBMでは，小規模自動車生産専門のメーカーであるローカル・モーターズと提携し，クラウド・コンピューティングベースのコグニティブ・コンピューティングシステム搭載の12人乗りの自動運転式小型電動バス "Olli" を開発した．同サイズのエンジンバスの1/3の部品点数で済む電動バスは，電気使用ゆえにITとの相性もよく，機器の導入スペースも確保できる．その点で小型の電動自動運転バスには世界が注目する（図2.35，2.36）．

コグニティブ（cognitive）とは，日本語で「認知」を指している．そして，コグニティブ・コンピューティングシステムは「ある事象についてコンピュータが自ら考え，学習し，自らの答えを導き出すシステム」としてしばしば紹介

図2.35　筆者が検討した「ナノバス」

マイクロバスよりも小さくした電動バスの概念．これが自動走行して建物内を走れば，われわれの移動抵抗を大きく軽減できる．

図 2.36　DeNA が導入の自動運転バス "Robot Shuttle"
2016 年 8 月にイオンモール幕張新都心で来店者向けに移動サービスを開始した。フランスの EasyMile 社が開発した自動運転車両「EZ10」を活用。やはり 12 人乗りの電気自動車で，前後に取り付けられたカメラや GPS などを利用し，あらかじめ入力した地点間を自動運行することができる。12 人乗りぐらいであれば，技術が確立されつつある。［ケータイ Watch ホームページ「DeNA が自動運転バス「Robot Shuttle」，イオンモール幕張新都心で運行」(http://k-tai.watch.impress.co.jp/docs/news/1009199.html) より許諾を得て転載］

される。人工知能（AI）と混同されがちな概念である。IBM 基礎研究所のバイスプレジデントである Dario Gil 氏は，AI は人が行なう作業をコンピュータが代わって行なうもの，コグニティブ・コンピューティングシステムは人がよりよい作業を行なえるように支援するシステムで，両概念の人間の立ち位置とコンピューティング環境の立ち位置のちがいを強調している。これこそ両者の差異である。

　つまり，自動運転バス Olli のコグニティブ・コンピューティングシステムは，バスの適切で安全な運行についてコンピュータが自ら考え，学習し，バスの最適運行を導き出すシステムである。このシステムをバスに内蔵せず，クラウド・コンピューティングで行なうものである。コグニティブ・コンピューティングシステムは，多様かつ大量のデータを処理する能力が大前提となっている。

　サービス上での自然言語の認識，ユーザの嗜好や性格の分析，運行に関するシステムの自己学習，システムが導出した結果の乗客へのフィードバックでは，より多くのデータ（一種のビッグデータ類）を計算する必要がある。ゆえにコグニティブ・コンピューティングシステムでは，クラウド・コンピューティングが大前提となる。コグニティブ・コンピューティングシステムの搭載で，

IBMが開発の車載アプリケーション「ワトソン」で自動運転も実現する。自然言語による顧客との会話，満足度の高いさまざまな顧客サービスや情報提供も可能となる。

　ここで筆者の経験を少し紹介したい。2010年2月20日，「未来の東京を走るEV（＝電気自動車）タクシーのデザイン・コンペティション」の表彰式が開かれた。「第1回 大学・専門学校対抗日本カーデザイン・コンペ」のテーマは，未来の東京を走るEVタクシーであった。これは，2010年から見て10年後の2020年の東京の街を走るEVタクシーのあり方や現実的な姿を提案するコンペであった。このコンペは，いわゆるインテリアやエクステリアなどの「モノのデザイン」とともに，運用方法などのシステム化のデザイン，最近の言葉でいう「コトのデザイン」も同時にまとめるユニークなコンペであった。まさに技術的デザインとそれが社会に定着するための政策的デザインを総合的に競うため，その両方を学ぶことに軸を置く慶應義塾大学総合政策学部・環境情報学部もエントリーすることになった。そのとき，筆者も電動バスや電動タクシーなどの公共交通システムを専門にする立場でエントリーした学生を指導しており，学生諸君はみごと優勝に輝いたのである。

　当時，筆者が指導していた研究室は，電気自動車研究室である。電気自動車は，既存の内燃機関自動車と比べ，部品点数の総数が1/3程度に抑えられる。また，位置検知技術のようなICT（いわゆる情報通信技術全般）は電気システムのほうが当然相性はよく，電動化で空いたスペースに位置検知技術などの情報

図2.37　小型の電動乗合自動車（タクシー）"The Ring"
筆者も当時指導していた慶應義塾大学電気自動車研究室デザイン研究グループが開発したもので，最優秀賞を受賞した。インホイールモーターを活用することで，車室を広くとれるデザインを提案した。

技術を載せれば，電気自動車＋情報通信技術での自動運転タクシーがうまくいく。しかも，われわれが得意とするインホイールモーター式（これについては拙著『インホイールモータ －原理と設計法－』（科学情報出版，2016年）に詳説してあるが，小型モーターをすべてのホイールの内側に配置し，走行力を出す方式）を目玉にして，ユニバーサルデザイン＋エコデザインの効率的な新しいタクシーを提案した。このとき以降，教員の立場でも学会誌や国内外の研究の発表の場で，こうしたアイディアの有効性をアピールしてきた。今日のこうした小型の自動運転電動バスの動きに先鞭をつけられたと思っている（図2.37）。こうした自動運転のバスが将来に向けて逐次大型化すれば，一般の80人乗りのバスも乗務員なしで運用でき，バス事業者の人件費抑制につながり，経営効果が上がると期待される。

⑥ソーシャル・コンピューティング（SNS活用）

路線バスでも，鉄道と同様に，利用者がTwitterやFacebookなどのSNSに書き込んだ情報の分析とサービス改善への反映が期待される。たとえば，埼玉大学の「バス着いったー」は，バスの遅延情報を皆でツイートしたり，沿線情報をツィートしたりできるシステムである。まさに，都市生活者どうしが路線バスの運行情報を発信したり受信したりすることで，相互にエンパワーメントするシステムである。前述の見えバスのような各種バスロケーションバスとの融合で，GPSを活用した科学的な位置情報とリアルタイムで生活者が見た現場状況の情報とが融合することで，より効果的に都市生活者の行動を支援することができる。これも情報技術のイノベーションの融合がなせる技である（図2.38）。

⑦ユビキタス・コンピューティング

「いつでも・どこでも」のユビキタスの概念は，路線バスの事業でも大事である。これは，リアルタイムで路線バスの位置情報を正確に伝えることが一義である。前述の「見えバス©」のように，いつでも・どこでも，路線バスの位置を把握できるようなシステムの拡充が，今後も全国的に期待される（図2.39）。

2.2 さまざまな交通環境での技術革新と都市生活にもたらされる変化　59

みんなで作り上げるバス情報システム
バス着いったー®

試験実施します！！

あなたの言葉がみんなのために！
みんなの言葉があなたのために！
最新のバスの運行情報を伝え合おう！

試験実施期間：
2015年12月20日(日)〜
　　　2016年1月24日(日)（予定）
実施路線：
北浦03（埼玉大学⇔北浦和駅西口）
浦13,浦桜13,浦桜 13-3
　（大久保浄水場⇔浦和駅西口）
志01（志木駅東口⇔浦和駅西口）

　いつもは時間どおり来るのに、突然バスが遅れている…いつ来るのか、と不安に感じたり、またバス停に行列が出来ていて、バスが来ても乗れなかった、など…そんな経験はありませんか？
　バス着いったー®では、携帯電話やパソコンからバスを利用したい人たちの間で遅延情報やバス待ち情報を伝え合い、みんなでバスに関する様々な情報を共有することができるシステムです。

バス着いったー®で何ができるの？

〜遅延情報を伝え合おう！〜　　　**〜バス待ち情報を伝え合おう！〜**

　← バスの遅延状況によって、今後の予定を事前に把握できる！
あなたもバスの遅延情報を投稿してみよう！

※遅延情報とは、バスの運行において、どれくらい遅延しているか、または遅延している原因などに関する情報です。

　← バス停で待っている人たちの人数が把握できる！
あなたもバス待ちしている人数を投稿してみよう！

※バス待ち情報とは、バス停にてバスを待っている人数に関する情報です。

こちらにアクセスして、みんなで情報を共有し合おう！
URL　　　QRコード
http://bustwitter.sub.jp

詳しい使い方はチラシのウラ面をご覧ください！

　この試みは国際興業バスのご協力を得て、埼玉大学、国際航業㈱が独自に行っているものですので、バス着いったー®に関するお問い合わせは、大学（下記の連絡先）の方にお願い致します。

【問合せ先】埼玉大学大学院理工学研究科　交通・計画グループ　久保田研究室　担当　川村
　　電話番号：　090-6450-9430　E-mail：bustwitter@dp.civil.saitama-u.ac.jp

図2.38　埼玉大学工学部建設工学科設計計画研究室（久保田研究室）が取り組む「バス着いったー」
　バス利用者どうしがエンパワーメントを行なうユニークな例として注目される。[埼玉大学工学部建設工学科設計計画研究室（http://www.dp.civil.saitama-u.ac.jp/bustwitter/bustwitter.html）より許諾を得て転載]

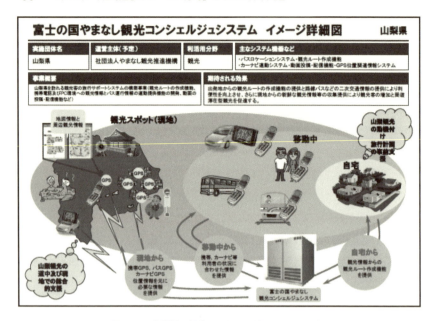

図 2.39　山梨県の観光コンシェルジュシステムの例

　路線バスを含めて，いつでも・どこでも情報を知ることができるのは，観光立国日本の実現に向けても必要である．［産学官連携ジャーナル 2011 年 3 月号（https://sangakukan.jp/journal/journal_contents/2011/03/articles/1103-08/1103-08_article.html）より許諾を得て転載］

⑧クロスカルチュラル・コンピューティング

　これも，前述のようなフラッグ QR のようなコードで，路線バスに関連する各種情報へのインターネットの入口を外国人向けに用意することは最も効果的である．日本語がわからない外国人への支援のためにも，デジタルサイネージによる英語・中国語・韓国語の案内が各所で増えており，路線バスの車内でも確実に多くなっている．しかし，日本の観光に来る外国人のために，これ以上の外国語に対応することはサーバの容量という観点でも現実的でない．クロスカルチュラルな環境を実現するうえでも重厚長大なインフラを，よい意味での軽薄短小なシステムにする必要があり，スマートフォンとフラッグ QR（ロゴ Q）の活用はおおいに可能性がある．理想は，特定のバスのフラッグ QR をスマートフォンで読み取れば，外国人でもバスの座席指定や決済が可能なシステムであり，技術的には難しくない（図 2.40 ［口絵］）．インターネットがここまで重

要な社会インフラになった以上は，そこへの入口をユニバーサルデザインにすることが必須である。

2.2.3 タクシー環境での変容
①時空間コンピューティングシステム

タクシーの手配でも，GPSなどによる位置検知システムが大きく役立っている。読者のなかには，図2.41のようなタクシーを見たことがある人も多いと思う。

目下，関東地方から全国にタクシー事業を拡大する日本交通株式会社は，2011年1月から日本初のタクシー配車アプリ「日本交通タクシー配車」を提供している。2011年12月からはこの仕組みをプラットフォーム化し，47都道府県，2万台のタクシーで利用できるアプリ「全国タクシー配車」提供も開始している。

従前，タクシーを呼ぶ際には，タクシー会社または営業所の電話番号がわかっている必要があった。筆者も，都内周辺であればタクシー事業者の電話番号をいくつか控えており，スムースに呼べた。しかし，出張して路線バスなどが走っていない場合には，電話番号もわからずにタクシーの配車に一苦労する。そうした問題を，こうした位置情報把握システムは解消してくれる。タクシーを呼びたいときにスマートフォンでアプリを立ち上げると，GPSで取得した自分

図2.41　タクシーをスマートフォンで呼べるアプリをPRする日本交通の車輌
［写真提供：日本交通株式會社］

の位置が地図上に表示され，地図上には空車の位置情報と到着までのおおよその時間も表示される．これで，呼ぶ前に自分とタクシーの位置関係がわかり，行動の意思決定に有効である．乗車の場所を確定して注文ボタンをタップする

図 2.42　日本交通のタクシー配車アプリのイメージ

　現在はタクシーの車種も視覚化されている．自分の近くにどのような車輌がいるかもわかる．たとえば企業で VIP をお送りする際には，左のような通常車輌でなく，右のようなグレードの高い車輌の配車をリクエストすることもできる．こうしたサービス面でのきめ細かさは，最近の「個」を重視したサービスの質的向上にもつながるものである．［図版・写真提供：日本交通株式會社］

と，迎車のタクシーも地図上で表示され，現在位置とどのくらいで到着するのかが表示される。

　自宅やよく利用する場所を登録すること，利用履歴を参照してタクシーを呼ぶことも可能である。こうしたサービスはリピーター獲得にもつながる（図2.42）。

　タクシーにGPSを搭載しているので，従来の音声によるアナログ無線に比べて配車業務が格段に効率化している。利用者がアプリから配車注文を送信することで，付近にいる空車をコンピュータ上で自動検索して配車を行なうことが可能になっている。すなわち，当該システムを導入することで，人手を介さずに業務を自動化でき，結果として人件費の削減にも効果を期待できる。タクシー業界もベテランドライバーが多い業界で，人件費が経営を圧迫している。これを抑えることができるシステムとしても，GPSを活用した配車システムは期待されている。

②マルチメディアシステム

　マルチメディアシステムは，バスでもおおいに活用機会がある。車内であれ

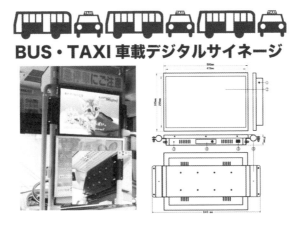

図2.43　タクシーやバスの車載用デジタルサイネージ（株式会社ジェイ・アール・アイの事例）
　情報の視覚化とともに聴覚からも音声案内を入れられるようにマルチメディア化すれば，タクシー車内のユニバーサルデザイン化も進む。［HOT DISPLAYホームページ（http://hot-display.com/lcd_01/）より許諾を得て転載］

図 2.44 空港のタクシー乗り場に配置したデジタルサイネージの例

音声案内などでマルチメディア対応にすれば,障がい者や海外からの来訪者などに喜ばれる。[公益財団法人東京タクシーセンター・ホームページ (https://www.tokyo-tc.or.jp/business/haneda-stand.html) より許諾を得て転載]

ば,図 2.43 のようにマルチメディアディスプレイを配置し,会話困難の障がいをもつ方や海外からの来訪者とのコミュニケーションに活用できる。あわせて,図 2.44 のように空港のタクシー乗り場にデジタルサイネージを配することで,日本語がわからない海外からの来訪者,聴覚障がい者の行動支援などにつなげていける。

③ビッグデータの収集と分析

ビッグデータの収集・分析は,タクシーの効率的な配車につなげられる。例として,総合カーエレクトロニクスメーカーの富士通テンがビッグデータの活用で効率的・効果的に需要予測できるタクシー配車システムを研究開発している。

このシステムのユニークなところは,気象情報,鉄道運行情報,エリア内のイベント開催の情報など,タクシーの需要予測にかかわるさまざまなビッグデータとの連携を図っている点である。タクシーの需要にかかわるビッグデータを分析して,効率的な流し運行,計画的な車両の配置を支援するサービスである (図 2.45)。

しかも,このビッグデータの蓄積・分析・配車に関する意思決定支援情報のフィードバックをクラウド・コンピューティングサービスで実現させて,タク

2.2 さまざまな交通環境での技術革新と都市生活にもたらされる変化

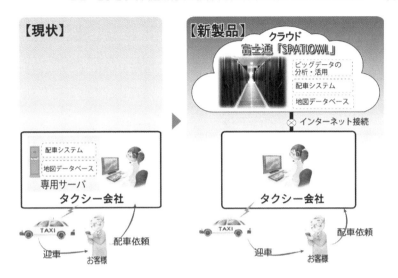

図 2.45 ビッグデータ活用技術とクラウド・コンピューティングとのイノベーション融合を図った富士通テンの配車支援システム

クラウドシステムとして，タクシー会社のビッグデータ取り扱い用コンピュータの各種コストを削減することが可能になる。[富士通テン・ホームページ（http://www.fujitsu-ten.co.jp/release/2015/05/20150525.html）より許諾を得て転載]

シー会社のコンピュータ導入・管理コストなどの削減を図ろうとするものである。配車管理の機能をクラウドセンターに集約させる。タクシー事業者が所有する専用サーバコンピュータを不要にすることで，具体的には初期導入費用の削減や保守体制の人件費削減が可能となる。経営的な面でも導入メリットが大きい。

また，トヨタとKDDI，タクシー事業者5社の協働で，タクシーからリアルタイムに収集される日々の「走行画像」「車両運用データ」などのビッグデータを解析し，次のサービス構築につなげようとするプロジェクトもある。近年では，電気自動車のタクシーも増えているが，電池技術，とりわけ充電可能な電気量が脆弱で，筆者自身の調査によれば，ドライバー側の最大の不安につながっている。ゆえに，どのような走行環境でどの程度の電気を使用しているのか，現場でのビッグデータを国内全体で収集・分析し，それにより電池残量推計の精緻化につなげることも可能である。こうしてタクシーの車両から集めた

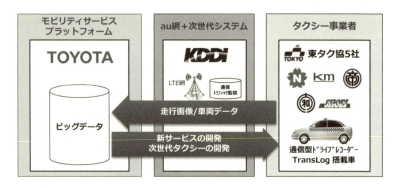

図 2.46 日々のタクシーの走行画像や運用データをビッグデータとして収集・解析することで，新しいサービスや新しい車の開発につなげる動きも出ている

［AutoProve ホームページ（https://car.autoprove.net/2017/04/45151/）より許諾を得て転載。図版提供：トヨタ自動車］

日々のビッグデータは，新しいサービスやさまざまな意思決定の支援に役立てられる（図 2.46）。

④ウェブサービスとの各種連携

　タクシーのウェブを通じたサービスは，前述の日本交通の配車システムのようなものが代表例であるが，東京オリンピック・パラリンピック 2020 でのタクシー総台数への不安もあり，相乗り化，すなわち同じ方面に向かう人どうしが相乗りすることも珍しくなくなるという。タクシーのライドシェアサポートサービスとして "WithCab" がある。アプリをもつことで，自分がいる現在地付近でのユーザとのマッチング支援を行ない，同じ方向に行くタクシー利用者との同乗を支援するシステムである。行きたい方向を発信しあい共有化させ，終電を逃したときや深夜帯でも都市生活者がコストを抑えて帰宅できるようになる（図 2.47）。

⑤クラウド・コンピューティング

　タクシー業界でのクラウド・コンピューティングの活用については，先述の富士通テンのような配車支援システムでの活用への期待が大きい。現代は IoT（Internet of Things；家電などの物品がインターネットにつながり，物品の状況をリ

ステップ1. 検索する
同じ方向に行きたい人を簡単に検索できるように設計されています。相乗りに必要な全ての機能を詰め込みました。シンプルでカンタン。しかも0円です。

ステップ2. 相手を選ぶ
簡単な操作で相乗りするユーザーを選ぶことができます。Facebookの顔写真を確認することができるので安心です。マッチングしたユーザーとはチャットや通話もできます。

ステップ3. 待ち合わせ機能
マッチングしたユーザーと会うための待ち合わせヘルプ機能を搭載。待ち合わせまでの道のりガイド機能や音声通話機能でカンタンに待ち合わせができます。

図2.47 タクシーの相乗り支援サービス"WithCab"の概要
［ウィズキャブ株式会社ホームページ（https://prtimes.jp/main/html/rd/p/000000007.000021112.html）より許諾を得て転載］

アルタイムでセンシングできる）の進展で，タクシーのさまざまな運用データを各地でリアルタイムに集められるようになってきた。すなわち，データ量が膨大になるため，コンピューティングの専門ではないタクシー事業者がコンピュータの導入から保守点検を行なうことは，セキュリティやコストなどの点で現実的でなくなる。ゆえに，各種運行管理データや利用者・運転者の発信（SNSなど）も外に出す，すなわちクラウド・コンピューティングが一般的になる（図2.48）。IoTとクラウド・コンピューティングの相乗効果で，タクシー業界の経営合理化も進む。ここでもイノベーションの融合により効果が増大していることがわかる。

⑥ソーシャル・コンピューティング（SNS活用）
タクシーでのTwitterやFacebookなどのSNSの活用は鉄道やバスに準じ

第 2 章 「軽薄短小なサービス分野」としての都市交通

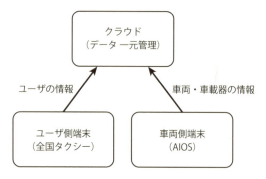

図 2.48　IoT 時代のデータ管理
車輌の情報やユーザ（運転者や利用者）の発信などデータ量が膨大になるため，クラウド・コンピューティングの導入が一般的になっていく。

るが，配車にも活用する例が出ている。必要なアプリは LINE のみであり，新たなアプリのダウンロードは不要である。空車のタクシーが通らないときやタクシーの予約をしたいけど営業所の電話番号を知らないときなどに有効で，LINE Pay との連携で決済も可能である（お金を出す必要がない）。図 2.49 がイメージである。

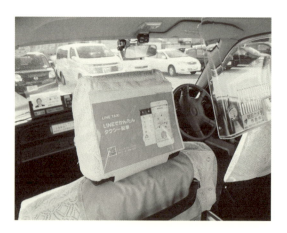

図 2.49　LINE でタクシーを呼ぶ
LINE タクシーアプリを立ち上げ，配車してほしい場所を指定するだけで，簡単に車輌の手配ができる。［写真提供：函館タクシー株式会社］

《LINE（ライン）》

LINE は，iPhone，Android，フィーチャーフォン（いわゆるガラケー），BlackBerry，Windows Phone，Nokia Asha，Firefox OS（以上，モバイル）や Windows，Mac OS（以上，PC）など，さまざまな情報端末環境で使える，無料通話とメッセージ送信ができるアプリである。現在，全世界で 4 億人以上が使っている。

⑦ユビキタス・コンピューティング

　タクシー業界でのユビキタス・コンピューティングは，先述したような，いつでも・どこでも配車を依頼できるシステムの確立が最大の関心事である。このシステムの改善と拡充が，当面のタクシー業界の課題である。詳細は割愛するが，ビッグデータの収集・解析やクラウド・コンピューティングとも相関があり，読者の皆さんも取り組む価値のある分野となる。

⑧クロスカルチュラル・コンピューティング

　タクシー業界でも，インターネットでの配車依頼の入口として，フラッグQR のような仕組みがクロスカルチュラル・コンピューティングの重要な視座となる。とくに東京オリンピック・パラリンピック 2020 で外国人のタクシー利用が増えると予想されており，フラッグ QR を活用した配車依頼の支援を筆者も進めたい。

　タクシーならではの動きとして，鳥取では KDDI が観光タクシーに翻訳システムを導入して注目を集めている。この翻訳システムは，運転席と後部座席に 1 台ずつ設置されたスマートフォンを介し，英語・中国語・韓国語と日本語との間での翻訳を行なうシステムである。たとえば，後部座席に座った外国人の客がスマートフォンのボタンを押してドライバーへ話しかけると，翻訳された日本語がスピーカーから流れるようになっている。同様に，ドライバーの声も音声で外国語に翻訳され，スピーカーから流れるようになっている。スマートフォンで情報の視覚化もされており，マルチメディア性も兼ね備え，利便性が高い（図 2.50）。

図2.50 KDDIが鳥取で取り組むタクシー車内でのスマートフォン活用による翻訳システム
やりとりが視覚および聴覚で行えるようになり，利便性も高い。［守山商工会議所ホームページ（http://www.moriyama-cci.or.jp/business/press2016/0112.html）より許諾を得て転載］

2.2.4 都市の道路環境での変容
①時空間コンピューティングシステム

われわれがマイカーを購入する際，現在ではカーナビゲーションシステムを車内に置くことが一般的になっている。通常，運転席前方付近にGPSの車載機器を置く。これにより自車の位置情報を発信することができるようになり，また，さまざまな運転に関する情報面のサービスを受けることができる。読者の皆さんにも自宅の車のカーナビゲーションシステムを見てほしいが，目的地を入力し，運転すべき道路，曲がるべき場所，リアルタイムでの交通事故情報，工事箇所などの情報を得ることができる。最近では，サービスエリアやパーキングエリアなどの休憩施設の混雑状況や，渋滞回避ルートなども精緻に把握することが可能である。こうしてカーナビゲーションシステムは，コンテンツの拡充が目覚しく進んでいる。逆に，新しいニーズ志向のコンテンツは新たなビジネスチャンスにもなる。

自分の運転に関する各種データと位置情報・時間情報を組み合わせ，走行速度などを走行データとして蓄積することで，運転者個人向けのセーフティマップを作成したり，エコロジカルな省燃費ルートの割り出し提供したりすることも可能である。たとえば，急ブレーキをかけたポイントや時間をデータとして抽出し，注意喚起を行なうセーフティマップを作成し提供することなどは，今後も進むものと予想される。また，ハイブリッド車や電気自動車などの低公害

車を購入しても，燃料を無駄にしていたら低公害車購入の意味が薄れてしまう．こうしたことを回避するために，いつ・どこで・どのようなシーンで燃料を無駄にしているかを把握し，エコ運転をサポートできるシステムも研究されている．

たとえば，トヨタのカーナビゲーションシステムでは，探索ルートにエコランクが表示される．ルートの探索時に最もエコロジカルなルートに eco マークのアイコンが表示されるようになっている．全行程一覧を見ると，ユーザはすべてのルーティングでの燃料消費量をエコランクで把握でき，葉の枚数で各

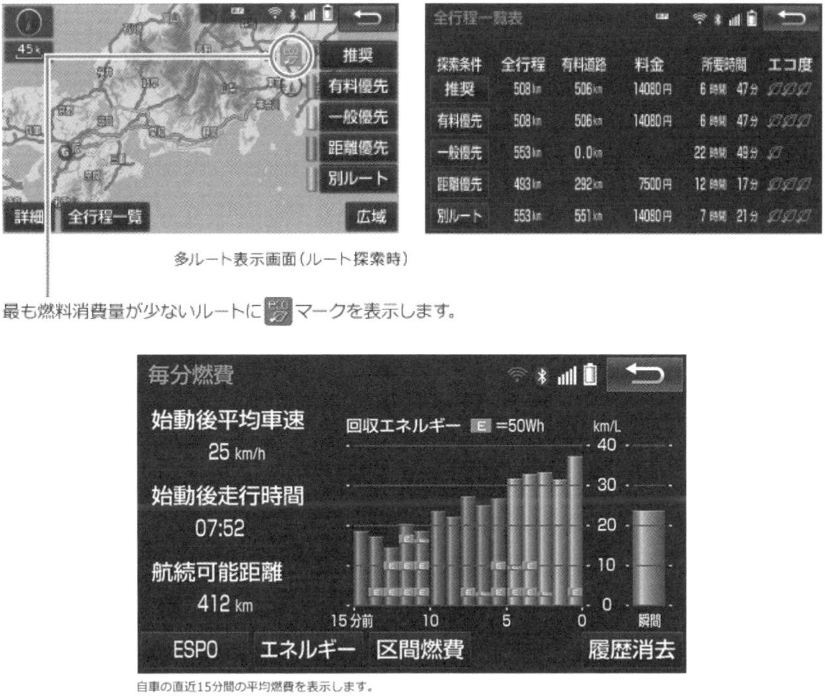

多ルート表示画面（ルート探索時）

最も燃料消費量が少ないルートに [eco] マークを表示します．

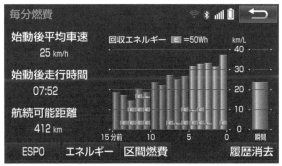

自車の直近15分間の平均燃費を表示します．

図 2.51　トヨタのカーナビゲーションシステム

燃費データを細かく提供することをめざしている．現在の車では Controller Area Network で自車の運転の状況を詳細に把握でき，時空間情報と合わせれば自分の運転の「くせ」（いつ・どこで・どのような運転をしているか）がわかるようになっており，エコ運転などの運転の改善にもつながる．こうした運転の改善にも情報技術が役に立っている．［トヨタ・ホームページ（http://toyota.jp/dop/navi/function/ecodrive/）より許諾を得て転載］

ルートのエコ度を確認できるようになっている。あわせて運転中で，エコ運転ができた時間の割合を計算し結果を表示する。さらに，自車のコンピュータからの情報を把握して直近15分間の平均燃費を表示したり，毎分の平均燃費をグラフで視覚的に表示したりすることもできる。最近の自動車は，Controller Area Network（相互に接続された車載機器間のデータ転送に使われる規格）を利用し，車速やエンジン回転数，ブレーキの状態などの情報を総合的に取得でき，これらからエコロジカルな運転のレベルなどを割り出すことが可能である（図2.51）。

②マルチメディアシステム

マルチメディアは，視覚・聴覚・触覚をはじめとした五感を駆使した統合的なコミュニケーションシステムの構築に有用である。ゆえに，道路上での注意喚起にはきわめて効果的である。たとえば，アマネク・テレマティクスデザイン社の「マルチメディア放送による順走車向け逆走警告」は，近年の高速道路などでの逆送事故の多発に合わせた問題解決策の一つとして注目されている（図2.52）。

同社が開発したデジタルラジオ放送技術は，逆走検知センサや逆走の検知が可能な通信カーナビゲーションシステムからの逆走車輌の位置情報を基にして，逆走車輌がいる道路路線に警告データを放送するものである。特定の車載機な

図2.52　高速道路における逆走警告の例

アマネク・テレマティクスデザインの「マルチメディア放送による順走車向け逆走警告」は，近年の高速道路などでの逆送事故多発にあわせた問題解決策の一つとして注目される。視覚や聴覚などを通して逆走車輌の警告を行なう。[提供：株式会社アマネク・テレマティクスデザイン]

2.2 さまざまな交通環境での技術革新と都市生活にもたらされる変化　73

どが搭載されていれば，逆走車輌の接近をエリア内の走行車輌に自動音声で警告できる。さらに，特定の車載機が必要にはなるが，カーナビのモニタ上に逆走車の情報を表示することも可能であり，マルチメディアな警告表示が可能である。

③ビッグデータの収集と分析

　現代では，モータリゼーションの進展で，自家用車の台数が飛躍的に伸びてきた。そして，GPSやインターネットなどにつながる自家用車の台数も増加して，自家用車は走行のデータを絶えず発信する移動体になりつつある。また，多様な自動車からのデータをビッグデータとして絶えず収集することが可能である。まさに，大規模な社会調査が自家用車を通して絶えず行なわれているわけである。

　ビッグデータの活用として有効なのは，道路の不具合を見つけることである。たとえば，埼玉県とホンダは，行政と自動車メーカーのそれぞれの立場で保有を行なう道路交通関連データを相互に交換し，有効活用している。行政である埼玉県は，ホンダのカーナビゲーションシステムから得られる走行データを分析し，急ブレーキ多発の箇所を特定し，安全対策を施す取り組みを行なっている。結果として，県内で160カ所の安全対策を実施し，急ブレーキが約7割減少，人身事故が約2割減少するなどの大きな効果が見られた。具体的に1カ月間の急ブレーキ総数は995回から326回に減少し，1年間の人身事故は206件から161件に減少している。さらに，歩道が未整備な通学路を対象とした安全対策にも取り組み，ホンダが公開するセーフティマップを活用した安全対策に取り組むなど，カーナビゲーションを通じて発せられたデータを活用した安全対策が産官協働で進められている。ホンダは埼玉県に事業拠点があり，協働が実った（図2.53）。

　また，道路の社会的インフラとしての最大の問題は，エイジング＝老朽化である。日本全国には，1960年代以降の高度成長時代に建設された道路およびトンネルや橋などが多く存在している。笹子トンネルなどのトンネル崩落事故や台風で崩壊する橋梁など，近年では道路全体のエイジングが問題になっている。ただし，安全性を維持・向上させるうえでメンテナンスプロセスには，人

対策例：県道加須羽生線（加須市）

図2.53 自家用車から集められたビッグデータを基に速度が出やすい場所を特定し，速度抑制策をとって安全性を向上させた例（埼玉県とホンダの協働）
［埼玉県ホームページ（https://www.pref.saitama.lg.jp/a0002/room-seisaku/seisaku-025.html）より許諾を得て転載］

材育成や人件費などのコストが膨大にかかり，検査の省力化や低コスト化などが課題になっている。そこで白羽の矢が立つのが，ビッグデータ活用である。ワイヤレスセンサネットワークを活用して，柱や鉄骨に歪みや振動を計測するセンサ端末を取り付けて，各部位での情報をビッグデータとして集め，老化診断する方法に注目が集まる。

東京工業大学とオムロンソーシアルソリューションズでは，図2.54のような「ワイヤレスセンサネットワークを活用した橋梁モニタリングシステム」の研究開発を進めている。システムの基本的なコンセプトの一つには，橋梁の交通量や重量を測定し，とくに橋梁の寿命を短くするだろう過積載の車輌（あるいは大型車輌）の通過量を把握することから的確なメンテナンス時期を判断する，というものである。筆者が勤務する東京都市大学未来都市研究機構でも，エイジングする道路橋梁のモニタリングと評価を行なうグループがある。こちらも，どのような車輌がどの車線を走るかを的確にビッグデータとして把握し，老朽化状況やメンテナンス時期などを評価している。こうした道路橋梁でのインフラの老朽化，メンテナンス時期を評価するうえでは，走行車輌の実状をビッグデータとして収集および解析することが効果的である。

さらに，ワイヤレスセンサネットワーク技術を利用して既存のインフラに設置することで，各部位の歪みや振動をリアルタイムに検出可能である。通過車

2.2 さまざまな交通環境での技術革新と都市生活にもたらされる変化

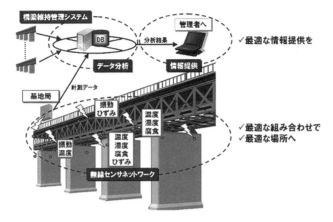

図 2.54　ワイヤレスセンサネットワークの活用による橋梁モニタリングシステムのイメージ
走行車輌の状況を監視して，ビッグデータとして集め分析することで，適切なメンテナンス時期をシミュレーション可能である．［東京工業大学＋オムロンソーシアルソリューションズ・ホームページ（http://www.omron.co.jp/press/2013/08/s0807.html）より許諾を得て転載］

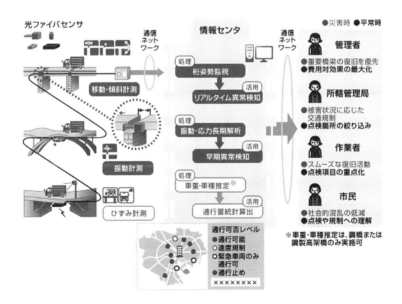

図 2.55　センサーネットワーク技術を利用したシステム
既存のインフラに設置することで，各部位の歪みや振動をリアルタイムに検出することが可能である．通過車重算出技術とあわせ，危険予知や寿命予測といった将来の変化の予測に活用できる．［NTTDATA（http://www.nttdata.com/jp/ja/lineup/brimos/）より許諾を得て転載］

輌検出技術と合わせると，危険予知・寿命予測の将来変化も予測できる（図2.55）。これも，ワイヤレスセンサネットワーク技術，ビッグデータの収集・分析のイノベーションが融合した成果であり，イノベーション融合の感覚を大事にしたい。

④ウェブサービスとの各種連携

ウェブを通じた道路交通関連の情報提供もさまざまなものがあるが，渋滞関連や通行上のリスクに関する情報（たとえば地震や台風などの自然災害による道路状況）の提供に最も社会の注目が集まる。たとえば，NEXCO東日本では，冬の高速道路状況を走行前に確認できるように生活者を支援するために，ウェブサイトで「雪道ライブカメラ映像」を提供している。サービスエリアやパーキングエリアの天気や降雪状況がわかるライブカメラ（ナマの情報を伝える現状告知のカメラ）での画像情報提供をウェブサイトで行なっている（図2.56）。

⑤クラウド・コンピューティング

クラウド・コンピューティングは，ビッグデータなどを集めるコンピュータの導入とメンテナンス，データの蓄積・分析を外注する仕組みである。インターネットを介して，自社の外のコンピュータに情報処理を依頼するかたちをとり，

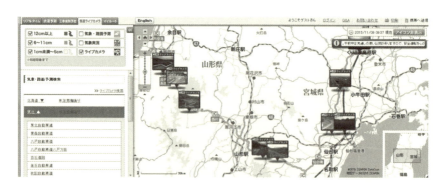

図2.56　NEXCO東日本の高速道路雪道情報
ライブカメラなどの情報に基づき，雪道を走行する予定の運転者らに効果的な情報提供を実施している。NEXCO東日本ホームページ「ドラとら（https://www.drivetraffic.jp/map.html）」にて，冬期間限定で公開している。［提供：NEXCO東日本］

各種コストを抑えるものである．データが膨大になるほど有効なシステムといえる．ゆえに，道路関係では道路の安全確保に用いることへ最も注目が集まっている．

たとえば富士通では，道路管理を支援するクラウドサービス"FUJITSU Intelligent Society Solution 道路パトロール支援サービス"の提供を開始している．これは自治体などの道路管理にたずさわる機関用のサービスである．ユーザはこのシステムが使えるスマートフォンを自動車に積んで，走行するだけでよい．内蔵する加速度センサで自動的に道路の凹凸情報を収集し，そのデータをクラウド上で地図情報と組み合わせることで，舗装状態を簡易診断するものである．走行中に障がい物や舗装の損傷などの異常を点検者が発見した際には，点検者が撮影した現場画像や作業コメントを入力でき，情報の具体性を増強可能である．ふだんの道路パトロールや車輌での移動時に自動情報収集が可能（点検者の特別な業務がない）で，アプリケーションをインストールしたスマートフォンのみを購入するだけで，収集のデータから補修個所を特定できる経済性をもつ（図 2.57）．

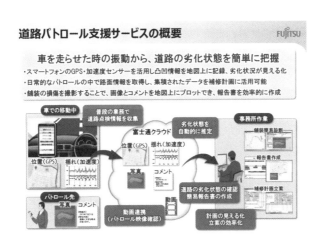

図 2.57　富士通の道路管理支援用クラウド・コンピューティングサービス"FUJITSU Intelligent Society Solution 道路パトロール支援サービス"概要
　［富士通（プレスリリース 2013 年 6 月 25 日付，http://pr.fujitsu.com/jp/news/2013/06/25.html）より許諾を得て転載］

⑥ソーシャル・コンピューティング（SNS活用）

　SNSは，各人が自身のスマートフォンやパソコンなどを使い，リアルタイムで情報を気軽に発信できることである。生活者の発信であるから，公式性のある情報ではない。しかし，主観的な情報が多数蓄積されれば，当然，情報の客観性や信頼性は上がっていく。むしろ，これからを生きるわれわれに大切なことは，SNSの情報を峻別して，信頼性および客観性のある情報を読み取っていく力である。そして，適切な情報発信と情報受容を経て互酬性（お互いを思いやり高めあう気持ち）を高めることで，われわれの移動関係の意思決定力を高めることにもつながる。

　たとえば，"Waze（ウェイズ）"は，スマートフォンに対応するカーナビゲーションアプリである。SNSとカーナビゲーションシステムを組み合わせたサービスを，iPhoneやAndroidなどのスマートフォン向けに無料提供をしている。カーナビの機能を搭載するスマートフォンのアプリは既存のものが多くあるが，WazeはカーナビをSNSと組み合わせたという点で，従来にない新規性が認められる。

　Wazeは，アプリユーザどうしで道路交通状況を共有することができ，実際にどこで渋滞があるのか，各ユーザがリアルタイムで把握できるシステムである。むろん，画面上で目的地を設定する通常のカーナビと同じ音声誘導の機能もつく。Wazeのシステムでは，既登録ユーザが乗る自動車の走行速度などのビッグデータをつねに受信する。たとえば，徐行運転が続けば道路渋滞と判断するシステムである。これに加え，渋滞・事故・工事などのユーザの口コミが共有される仕組みである。これでユーザは，渋滞を避けながら目的地までの経路をうまく意思決定できる。運転中に詳しい情報を発信することは交通安全上よいことではないので，車が停止したときに画面上に表示される「Traffic jam（渋滞）」「Accident（事故）」などのボタンを押し，現状を簡単に発信できるユーザインタフェースを設計している。

　ユーザが皆で参加して，道路情報を発信しながら相互にエンパワーメントされる状況をつくりだせるのが，Wazeのシステムの最大の特徴である。インターネット上の百科事典である「ウィキペディア」の"道路情報版"とたとえる向きもある。Wazeの道路情報に信頼性があることは，アメリカのテレビ局

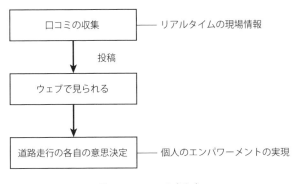

図 2.58　Waze の考え方

ABC がニュースの道路交通状況コーナーで，データを活用していることからも証明されている。

　こうした個人が見た情報，口コミの共有は，現場の情報そのものであり，個人をエンパワーメントする有意義なものである。ただし，情報発信を億劫なものにせず円滑にさせるうえでも，Waze のボタン方式のようにユーザインタフェース（適切なマシンとユーザの関係性）を考えることがとても大切である（図2.58）。

⑦ユビキタス・コンピューティング

　ユビキタス・コンピューティングで，「いつでも・どこでも」を重視した情報共有は，道路環境に応用すると，危険情報のリアルタイムでの認知にいちばん役立つ。

　たとえば，情報通信研究機構ほかの研究開発事例として，自分の車からドライバーの視野外に位置する歩行者や自転車などの位置情報を電子タグの使用で把握して，危険予知情報として自動車に提供するシステムが開発されている。高齢者および障がい者，子どもとその親などの交通弱者の交通事故削減にも資するシステムである。通常，やむなく見通しが悪い道路では，自動車と歩行者，自転車ユーザの事故が多い。ゆえに，こうしたシステムが事故を防ぐ策として望まれる（図 2.59）。

　また，高速道路上のサービスエリアやパーキングエリア，一般道路上の道の

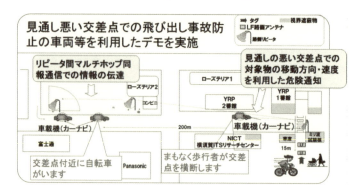

図 2.59　情報通信研究機構他の「見通しが悪い交差点での飛び出し事故防止」のシステム
このシステムで，見通しの悪い交差点などでの危険予知が可能になる。[国立研究開発法人情報通信研究機構（NICT）（報道発表 2008 年 2 月 18 日付，www.nict.go.jp/press/2008/press-20080218.pdf）より許諾を得て転載]

　駅の情報環境も，ユビキタス，すなわち「いつでも・どこでも」を重視したものになっている。休憩施設は，ビジネス，観光，日常的生活などのさまざまな利用があり，多様な TPO を考えた情報提供ステーションに変わっている。あわせて一般道でも，図 2.60 のようなコ・モビリティ（移動権を担保してみんながまちに出てきて，社会を活気あるものとする）のイメージがユニバーサルデザインとして各地で導入されることが望ましい。

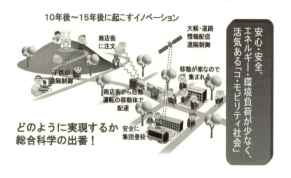

図 2.60　コ・モビリティ社会の像
幹線を電気バスとし，自動運転式のタクシーを導入し，IT をベースに移動環境を改善する。

⑧クロスカルチュラル・コンピューティング

　これからの観光活性化政策や東京オリンピック誘致などで，訪日外国人の道路利用も増えてくる。そうした状況を踏まえると，クロスカルチュラルで誰にでもわかりやすい情報提供はたいへん重要となる。その一環として，道路にコードナンバーを割り振る方法が検討されている。国土交通省の検討委員会はすでに具体案を取りまとめており，今後，パブリックコメントなどを経て，東京オリンピック・パラリンピックが開かれる 2020 年をめどとし，標識などへの表示追加を進める。

　現行案では，1 ～ 2 桁の番号をもつ国道が並行する場合には，その番号の活用を基本とする。そして，高速道路を意味する "Express Way" の頭文字の "E" を頭に足す方針である。このルールでいくと，関東・東北を南北に貫く国道 4 号と並行する東北道は "E4" というコードナンバーとなる。首都高速道路などのすでに番号が割り振られる路線では，首都高都心環状線 "C1" のように表記される。

　近年では，鉄道駅でもコードナンバーが振られており，駅名を読み取ったり聞きまちがえたりすることがないように，"T01"，"C02" のような番号が各駅に付いており，これを見かけたことのある読者も多いはずである。こうしたわかりやすいコードナンバー化は外国人にも有効であり，コードナンバーをカーナビなどの道路交通支援システムに載せることも想定される（図 2.61，2.62）。

 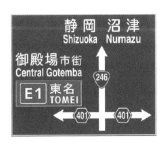

図 2.61　道路にもコードナンバー
　今後は，道路にもコードナンバーを割り振り，外国人にもわかりやすい方向になっていく。こうしたコードナンバーをカーナビゲーションに含めることで，日本語を理解しにくい外国人の移動支援が可能になっていくものと期待される。［出典：国土交通省ホームページ（https://www.mlit.go.jp/road/ir/ir-council/numbering/pdf06/3.pdf）］

図 2.62　鉄道環境でも駅名のコードナンバー割り振りが進んでいる

2.2.5　航空環境での変容
①時空間コンピューティングシステム

　航空環境で時空間の情報が有効に活用される最重要分野は，管制システムである。たとえば，NTT データは 2016 年 2 月から"airpalette ATFM"というサービス（パッケージソフトウェア）を提供している。ATFM とは Air Traffic Flow Management System の略である。日本語に訳せば「航空交通流管理システム」となる。ATFM システムは，航空会社提出の飛行計画や気象データなどの時空間情報から航空交通量を予測し，混雑が予想される際には出発時刻調整などを提案できる。これにより交通量を平準化でき，安全で円滑な航空交通流を実現可能である。こうしたパッケージソフトウェアの研究・開発は，逐次各方面で進められている。こうしたシステムは，管制官が最新の交通量予測データを基に出発時刻の制御・意思決定を行なうことを支援する有効な技術と

図 2.63　NTT データの"airpalette ATFM"の概要
［提供：株式会社 NTT データ］

なる。あわせて，航空機が空中待機に消費する燃料の節減，温室効果ガス排出削減，航空管制官の作業負荷の平準化を期待でき，環境低負荷でさまざまな関係コストを削減できるようになるため，航空管制のエコシステム実現を支援する手段といえる（図 2.63）。

②マルチメディアシステム

一般に空港では，その運営や管理の円滑化，安全確保，さらには旅客サービスの向上に，デジタル通信ネットワークが大きく寄与する。大規模な空港になると，光ファイバーケーブルによる高速で大容量のデジタル通信ネットワークやブロードバンドネットワーク，映像伝送ネットワークなどの多種多様な情報伝送サービスを提供する総合情報通信ネットワークが構築されている。とくに映像伝送ネットワークについては，空港全域の保安監視用カメラ映像の管理につながるが，映像情報の容量が一般に大きくなりがちであり，映像情報圧縮技術を駆使したマルチメディアネットワークが整備されるようになっている。旅客サービスについても，マルチメディア型のデジタルサイネージを空港に配置する事例が増えている。これにより，あらゆる人々が音声・視覚，さらには触覚で情報を得られるようになっており，ユニバーサルデザイン化に貢献してい

図 2.64　成田空港での"交通アクセス情報総合ナビゲーション・デジタルサイネージ"
目的地までの交通情報を検索し，スマートフォンに情報転送もできる。［成田国際空港株式会社ホームページ（http://www.naa.jp/jp/press/pdf/20150721-kotsuinfo.pdf）より許諾を得て転載］

る(図 2.64)。

③ビッグデータの収集と分析

航空機は,空を飛ぶという過酷な環境で使用される。むろん,機体の安全確保はつねに重要なトピックである。そうした問題の解決に向けて,日本航空と日本アイ・ビー・エムは,航空機の故障予測分析を共同で始めている。過去の整備記録などをビッグデータとして効果的に活用し,故障前整備を行なうようにして,あらかじめ欠航や遅延を防ぐシステムである。機体からダウンロードした各種センサのデータや整備履歴を,IBM が用意する "IBM SPSS Modeler"(ビッグデータも適用できる統計解析用ソフト)で分析し,機材の故障発生を予測するものである。そして事前に整備することで,機材の不具合での欠航や遅延を未然に防止する。

このシステムの魅力は,過去のフライトで得られた同種の機体に関する大量のセンサデータ,機体や部品などの整備記録をビッグデータとして総合的に分析可能な点である。従来の個別機体の装備品からのデータ取得では,個々の機体のみに通じるものとなってしまい,故障予測の精度も低くなってしまいがち

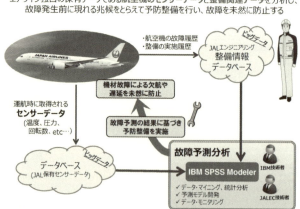

図 2.65　日本航空と日本 IBM が共同で行なうビッグデータ活用による故障予測システム
同種の多くの機体からのデータで,故障予測のデータ精度も上昇する。[日本航空株式会社(http://press.jal.co.jp/ja/release/201612/004059.html)より許諾を得て転載]

であった．しかし，ビッグデータ収集・解析技術の活用で，同種の多くの機体から導出される統計値で故障予測精度が上がり，的確な予防整備まで実施ができるようになる．こうした安全面へのビッグデータ活用が期待されている（図2.65）．

ほかにも，航空機を取り巻く風速・気温・機体重量などの幅広い航空機データをあらゆる機体からビッグデータとして収集・分析することで，環境による燃料使用状況も具体的に知ることができる．そして，適切な燃料消費シミュレーションを行なうことも可能である．こうして，ビッグデータは航空会社の経営に貢献する．

④ ウェブサービスとの**各種連携**

ウェブサービスは，航空環境でも多用されている．とくに近年では，パソコンやスマートフォンを所有する人が著しく増え，すなわちウェブサービスを享

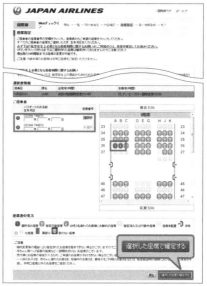

図 2.66　日本航空のウェブチェックインシステムのイメージ
［日本航空ホームページ（http://www.jal.co.jp/inter/boarding/webcheckin/flow/tour/）より許諾を得て転載］

受可能な人が急速に増えている。こうしたなか国内外の航空会社は、パソコンやスマートフォンを活用して、自宅やオフィスからオンラインで簡単にチェックインできるサービスの開発と提供に力を入れている。オンラインチェックイン方式は、空港での時間の節約につながる。空港のカウンターで長時間並ぶことがなくなる。座席の選択も可能となり、搭乗する便のシートマップを見ながら好みの座席の指定ができる。さらに、オーバーブッキングを防げる効果もある。早めにチェックインすることで、航空会社が座席数以上に予約を受け付けてしまって起こるオーバーブッキングにより予約便に搭乗できないリスクも軽減できる。ウェブサービスはエンドユーザである生活者側の行動支援につながる（**図 2.66**）。

⑤クラウド・コンピューティング

　航空環境は、LCC（Low Cost Career）などの登場などにより、激しい経営的競争を余儀なくされている。そのため世界の航空会社は、航空会社間でエアライン・アライアンス（航空連合）をつくっている。同一の航空連合内でのコードシェア便の相互乗り入れ、乗り継ぎ空港での手続きの簡略化、マイレージプログラム相互利用、上級会員向け空港ラウンジサービスの共有などの業務提携を行なっている。

　航空会社のメリットとしては、「客の少ない路線をコードシェア便で代替して自社のネットワークを実質的に拡大できる」「業務コスト削減と搭乗率の増加を実現できる」「顧客の囲い込みができる」などがあげられる。一方で、旅客側のメリットとしては、「フライトマイル獲得のチャンスを増やせる（提携航空会社のフライトでマイルが貯まる）」「マイレージプログラムの分散を避け、マイルを効率よく貯められる」「特典航空券を使えるエリアを拡大できる」「上級会員向け空港ラウンジの利用拡大（1つのFFPで上級会員になれば、提携航空会社の空港ラウンジも利用できる）などがあり、航空会社および利用者の双方の利点が多い。

　こうしたアライアンスの重要な効率化の手段としては、予約発券システムのクラウド化と航空会社相互の共同利用というものがある。これにより、自社所有の予約発券コンピュータシステムをアライアンスメンバーの共同コスト負担

2.2 さまざまな交通環境での技術革新と都市生活にもたらされる変化

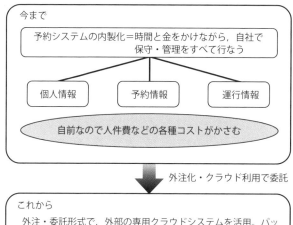

図 2.67 航空券の予約システムをクラウド化した際の一般的なイメージ

端的に言えば外部に予約システムの管理運用をアウトソーシングするイメージである。一定予算で委託できるため、結局はコスト面でも効率的・効果的になる。自社でセキュリティに気を遣う必要がなくなるのも魅力のひとつである。

と高いセキュリティレベルで外部に置き、経営の効率化を図ることが可能である。図 2.67 は、航空券の予約システムをクラウド化する際の概念を図式化したものである。

⑥ソーシャル・コンピューティング（SNS 活用）

航空機を利用する場合、長旅となり、飛行機ならではのリスクを搭乗者の家族や親類、友人らが心配するケースも多い。日本航空では、フライト中の画像を SNS でシェア可能にしている。"JAL SKY SHARE" サービスでは、日本航空が提供するフライト中の風景画像、搭乗客撮影の機内の様子などを電子メールや SNS で送信できるようにし、地上の家族や友人とシェアできるようにしている。日本航空の "JAL SKY Wi-Fi"（航空機内で Wi-Fi を利用できる）サービス路線の成田－ニューヨーク線、成田－シカゴ線、成田－ロサンゼルス線などが対象である。SNS のデータは、先に述べてきたような自社に関する書き込みのビッグデータを分析してマーケティングに援用するだけではない。こう

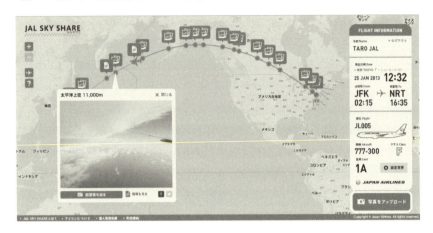

図 2.68　JAL SKY SHERE のイメージ

近年，航空機でインターネットにつながるようになっており，それを活かしてフライトの状況を地上と共有し，安心感を地上側の家族や友人に与えることができる．従来にない航空での SNS 活用の例である．[提供：日本航空株式会社]

して利用上の安否を地上の家族らと共有するうえでも SNS を利用することができる（図 2.68）。

⑦ユビキタス・コンピューティング

　いつでもどこでもコンピュータや情報にアクセスできるユビキタスの概念は，航空環境のエンドユーザであるわれわれ生活者と密接に関係する。近年では AI 技術が進展し，人工的な知能を積んだ人間のようなロボットの研究開発も盛んである。とくに，コミュニケーションをとれるロボットを空港に多数配置すれば，空港の利用者にメリットが大きい。多様な言語でのコミュニケーションが起きうる空港内では，コミュニケーション機能をもつ高度なロボットが有用である。

　たとえば，韓国の仁川国際空港や金浦空港のターミナルでは，ユビキタスロボットが航空機の出発・到着時刻や交通便案内，施設案内などを行なう。利用者にさまざまな空港利用情報をサービスすることができる。空港内で人にぶつかることなくスムースに歩きまわる。利用者がロボットの胸のタッチパネルに触れると，空港内の案内が始まる。こうしたロボットは "Ubiquitous Robotic

図 2.69　羽田空港で働くロボットたち
［ロボット情報 WEB マガジン ロボスタ・記事ページ（https://robotstart.info/2016/12/14/haneda-rlab.html）より許諾を得て転載］

Companion" と名づけられており，空港内でいつでもどこでも必要なサービスを提供してくれるようになっている．航空環境以外での展開も期待されている．現在の第 3 次 AI ブームでコミュニケーション力向上が図られていけば，事前に定められた静的な案内情報の提供だけでなく，コミュニケーションから突如として起こる質問にも，人間のように動的な回答が咄嗟にできるようになることが望まれる．そうした研究開発が行なわれており，横展開が期待される（図2.69）．

⑧クロスカルチュラル・コンピューティング

われわれが外国に行ったときに，時間がかかるのが入国の処理である．むろん，外国人が日本の空港に着いたときも，同じように感じるはずである．また場合により，言語のちがいでコミュニケーションの問題が起こることもあり，よけいに神経を遣うことも多い．そこで日本の入国管理局は，成田空港や関西国際空港，中部国際空港など主要 12 空港で，上陸審査の待ち時間を活用し，個人識別情報を事前に取得する機器「バイオカート」の運用を開始した．バイオカートでは，パスポートの読み取り，指紋画像取得，顔写真撮影を行なえる．

90　第2章　「軽薄短小なサービス分野」としての都市交通

図2.70　バイオカートを導入して入国審査を効率的に行なうイメージ
［出典：法務省ホームページ（http://www.moj.go.jp/nyuukokukanri/kouhou/nyuukokukanri07_00110.html）］

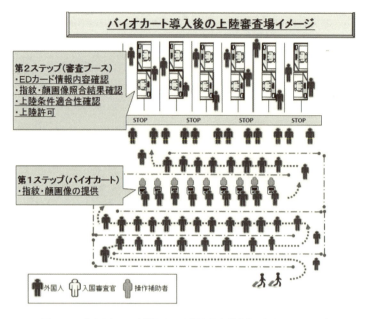

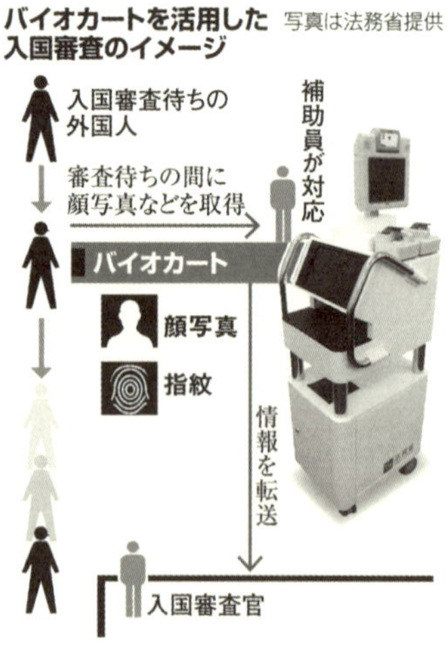

図2.71　バイオカートの入国審査のイメージ
［提供：朝日新聞社］

その後に上陸審査ブースへ進んで，個人識別情報の照合結果や入国目的を確認し，審査手続きが迅速に行なわれる。このシステムを**図2.70**に，バイオカートを**図2.71**に示す。こうして，多様な人種や文化の存在を意識したコンピューティング環境がクロスカルチュラル・コンピューティング構築の極意であり，横展開が望まれる。

2.2.6　船舶環境での変容

①時空間コンピューティングシステム

　船舶環境でも，リアルタイムの時間情報や位置情報は，船の動静把握でたいへん重要である。その観点で，ライブ船舶マップというウェブサービスが存在する。洋上航行のあらゆる船の位置情報や行き先などの個別情報を地図上にプロットし，誰もが見られるようにしてある。国際航海に従事する旅客船300総トン以上の船舶，国際航海に従事しない500総トン以上の船舶への搭載が義務づけられているAIS（自動船舶識別装置，Automatic Identification System）からの情報をGoogleマップ上に表示するものである。具体的にAISは，船名やその識別番号などの船舶固有の情報と，位置・進路・速力などの航海情報を自動送受信し，他の船舶や地上施設と共有できるシステムである。船舶どうしの衝突を防ぐとともに，安全かつ効率的な航海の支援を目的としたシステムである（**図2.72**）。

　こうしたリアルタイムな時空間情報は，船の安全や安心だけでなく，乗船中の人の安否確認や，運んでもらう物品の状況確認にも有用で，価値のある情報となる。

②マルチメディアシステム

　船舶のマルチメディアシステム技術の応用例としては，操船シミュレータがあげられる。最近は航空分野と同様に，船舶の分野でも3次元映像や音響などのマルチメディア技術を駆使した操船シミュレータが積極的に導入されている。シミュレータは，リアルな模擬船橋およびその前面に設置のラウンドスクリーン，データ計算や画像処理用のコンピュータなどから構成されている。港湾・狭水道など実際の地形に基づくデータも豊富で，風・波・潮流などの外力も任

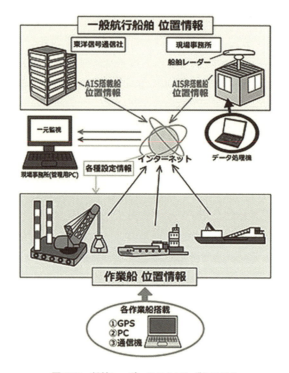

図2.72 船舶レーダーモニタリングシステム
AIS（自動船舶識別装置，Automatic Identification System）からの情報をGoogleマップの上に表示する。検索したいエリアの指定や知りたい船の情報獲得などが容易で，効果的な情報提供である。[出典：国土交通省・新技術情報提供システム・ホームページ（http://www.netis.mlit.go.jp/NetisRev/Search/NtDetail1.asp?REG_NO=CBK-160004）]

意設定が可能である。シミュレーションに使われるデータも，タンカー，LNG船，コンテナ船など多様なモデルが用意され，あらゆる船種の操船演習に利用できる。

シミュレータの利用で，時々刻々変化する周囲の景観，船体傾斜に応じて傾く水平線，航跡を残してすれちがう他の船，エンジン回転数に応じて変化する機関音，汽笛やカモメの声などまで，航海中のブリッジの状況をリアルに再現できる。被訓練者の操船指示に応じ，実船さながらの挙動を示すことができる（図2.73）。

操船シミュレータなら，実船さながらの航海状況をつくることができる。配

図 2.73　川崎汽船のマルチメディア方式の操船シミュレータの例
[川崎汽船株式会社ホームページ（https://www.kline.co.jp/news/detail/1202834_1454.html）より許諾を得て転載]

乗定員の少数化やハイテク化の進む海運の安全運航を考慮すると，今後，船舶環境で欠かせない重要技術の一つとなる．とくに，実船さながらの仮想航海の状況をつくりだせることが大きな意義である．よくゲームでトレインシミュレータとかで遊ぶ人がいるが，現実に近似する状況を仮想的につくりあげて，操船のような現実感を味わいながらの臨場感あふれるトレーニングなどに用いることが増えている．このキー技術が，VR（Virtual Reality，バーチャルリアリティ）と AR（Augmented Reality，拡張現実）および MR（Mixed Reality，複合現実）である．

《VR》
コンピュータ上に人工的環境をつくりだし，あたかもそこにいるかのような感覚を体験できる技術．日本語では「人工現実感」あるいは「仮想現実」とよばれる．VRの代表製品に，PlayStation VR（Sony Interactive Entertainment）がある（図 2.74）．

《AR》
現実空間に付加情報を表示させて，現実世界を拡張する技術のことをいう．VRは現実世界と切り離された仮想世界であるが，ARはあくまでも現実世界が主体であるところに注意が必要である．ARの代表製品として，PokemonGO（株式会社ポケモン）がある（図 2.75）．

図 2.74　VR は医療分野で活用されつつある

画像を VR ベースで提供できると，患者への説明，手術プランの作成，手術のナビゲーション，医者の教育とトレーニング，リモート手術でのアドバイスなどに使用され，応用の範囲も広い．[富士通ホームページ（http://www.fujitsu.com/jp/solutions/business-technology/vr-solution/case-study/medical/）より許諾を得て転載]

図 2.75　AR の代表例である PokemonGO

現実空間に付加情報を表示させて，現実世界を拡張させる．まさに，AR の特質を活かしたエンタテイメントである．[写真提供：山﨑弘氏]

2.2 さまざまな交通環境での技術革新と都市生活にもたらされる変化

《MR》

CGなどでつくられた人工的な仮想世界に現実世界の情報を取り込み，現実世界と仮想世界を融合させた世界をつくる技術。MRでは仮想世界のモノと現実世界のモノが相互に影響しあうのがユニークである。Microsoft HoloLensが研究の代表例である（図2.76）。

こうした仮想世界と現実世界を結ぶVR，AR，MRは，交通の世界でも多様な利用が想定される。進展著しい分野で，皆さんにも応用をぜひ考えてほし

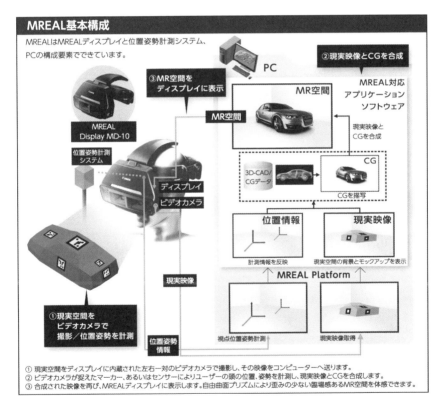

図2.76 キヤノンによる自動車開発などに有用なMRシステム

製造の設計段階での活用が期待される。実寸大の3次元CGでのモックアップを用いることで，製品のデザインや操作性の評価が容易になる。現実世界および仮想世界の融合で試作回数を削減でき，開発期間の短縮，生産コストや環境負荷の低減まで可能になる。［図版提供：キヤノンITソリューションズ株式会社］

い。

③ビッグデータの収集と分析

近年では，海上でも情報通信環境が整備されており，船舶からの運行情報および船舶搭載機器に設置されたセンサからの情報収集，各種モニタリングが容易になりつつある。これをビッグデータとして収集・活用すれば，省エネでの運航計画立案や機器の故障診断・予測などに援用可能である。一般財団法人日本海事協会は，富士通と船舶ビッグデータプラットフォームを構築し，運用を開始した。

これは，運航中の船舶から得られるエンジンなどの各種機器の稼働データ，気象情報をビッグデータとして収集・蓄積するものである。これらのビッグデータは，船舶運航や造船などにたずさわる各種事業者が，航海中の船舶データを必要なときに必要情報の検索と抽出が容易となるように，船舶ビッグデータプラットフォームとして整備されている。こうしたビッグデータは，あらゆる組

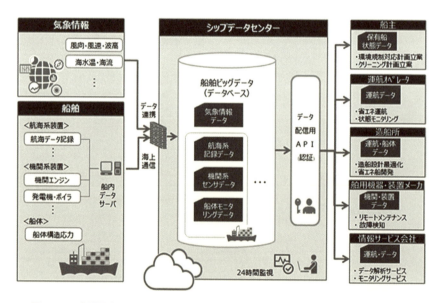

図 2.77　一般財団法人日本海事協会が富士通と開発した船舶ビッグデータプラットフォーム
省エネでの運航計画立案や機器の故障診断・予測などに援用可能である。［富士通（プレスリリース 2016 年 5 月 6 日付，http://pr.fujitsu.com/jp/news/2016/05/6.html）より許諾を得て転載］

織や関係者に利用されてこそ意味があり，適切な公開での社会貢献が求められる（図 2.77）。

④ウェブサービスとの各種連携

船舶でのウェブサービスについては，先述の船舶位置のマッピング提供が代表的であるが，さらに運搬中の貨物の情報を詳細に追跡できるようなウェブサービスもある。たとえば，MOL JAPAN のようなコンテナ追跡サービスがあり，貨物が安全に運ばれているかもウェブを通じて簡易にトレースが可能である（図 2.78）。

ウェブサービスとして，ブラウザに情報を提示することは技術的に難しいことではなくなった。これは，情報処理の専門的な講義を受ける大学生でもわかると思う。むしろ，ユーザのニーズに応じてどのようなコンテンツを提示する

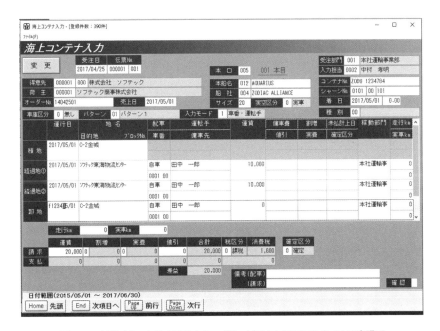

図 2.78　船舶でのコンテナ追跡もウェブサービスとしてリアルタイムで実現可
［株式会社システムギアソフテック・ホームページ（http://www.next21.co.jp/products/unsou/unsou_option.php）より許諾を得て転載］

かが重要な局面に入っている。上記のようなコンテナ情報も，テロをはじめとする国際的船舶環境のセキュリティ向上へのニーズの高まりで生まれている。読者の皆さんにも，ニーズに基づくコンテンツの企画力をぜひつけてほしいと思う。

⑤ **クラウド・コンピューティング**

船は，海上の過酷な環境で使用される。ゆえに，船内の搭載機器の状態把握や保守管理を適切に行ない，事前にリスク管理を行なうことが大切である。具体的に，一般財団法人日本海事協会は，株式会社アイ・エイチ・アイマリンユナイテッド，株式会社ディーゼルユナイテッド，日本アイ・ビー・エム株式会社などと船舶のライフサイクルコストの削減を支援するために「船舶保守管理システム」を構築し，船主・船舶管理会社向けのクラウドサービスとして提供をしている。船内機器のセンサデータを有効に活用しながら，船の各部の状態

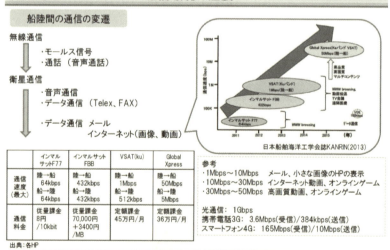

図 2.79　海上の通信環境も改善している

クラウドコンピューティングも進展し，船舶会社は効率的によりよい通信環境を得られるようになった。［出典：国土交通省海事局ホームページ（https://www.mlit.go.jp/common/001097131.pdf）］

診断や故障の未然防止を図り，それらを機器の保守管理履歴データと結びつけ，船舶の安全な運航や船舶のライフサイクルコスト削減につなげるものである。船主や船舶の管理会社が，みずからコンピューティングシステムを用意して関連データを収集・分析する必要はなく，低費用でリスク管理ができるようになっている（図2.79）。

⑥ソーシャル・コンピューティング（SNS活用）

船舶環境でのSNSの有効活用方策は，目だったものはないが，SNSを利用し外国人の旅行などの嗜好を調べて，新しい観光船のコンセプト構築につなげるような取り組みはある（例：平成27年度の経済産業省・外国人観光客消費動向にかかるビッグデータによる観光高度化方策および産業波及可能性調査等）。この分野はまだ未成熟であるため，新規性もあり，読者の皆さんの挑戦の価値がある。

⑦ユビキタス・コンピューティング

船舶環境というと大げさになるかもしれないが，漁業の分野でユビキタス・コンピューティングシステムが研究開発されている。北海道にある公立はこだ

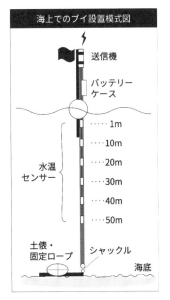

図2.80　公立はこだて未来大学の"ユビキタスブイシステム"のイメージ

［公益社団法人北海道栽培漁業振興公社ホームページ（http://www.saibai.or.jp/water_temp_info/sp/now/product.php）より許諾を得て転載］

て未来大学では"ユビキタスブイシステム"を開発している．沿岸海域での水温をリアルタイムでセンシングし，漁業関係者などに提供できる．図2.80のように，水深別のセンサを活用することで多層観測も可能である．このシステムの導入で水温変化の監視が可能となり，効率的な養殖管理や漁業活動に活かせる．

⑧クロスカルチュラル・コンピューティング

日々国内外の荷物が輸出入され，さまざまな企業がそれにかかわる状況では，NACCS (Nippon Automated Cargo and Port Consolidated System) のようなシステムがクロスカルーラルなシステムとして有用である．これは，入出港する船舶・航空機，輸出入される貨物について，税関などの関係行政機関に対する手続きや関連の民間業務をオンライン処理できるようにした総合システムである．旧NACCSは，航空貨物の手続などを行なうもの (Air-NACCS) と，海上貨物の手続などを行なうもの (Sea-NACCS) がそれぞれ独立したシステムとして稼動しており，これを統合したものが新しい現NACCSである．現在は，国

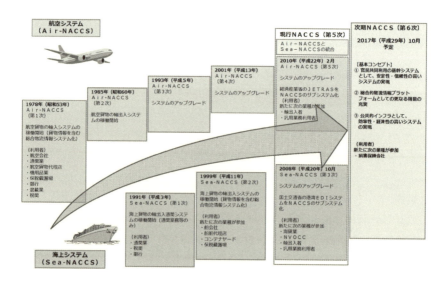

図2.81　NACCS統合化のイメージ
［提供：輸出入・港湾関連情報処理センター株式会社］

土交通省が管理・運営していた港湾 EDI システムや経済産業省が管理・運営していた JETRAS などの関連省庁システムも現 NACCS に統合されており，稼動している。現行 NACCS は荷主や海貨業も参加者に加えており，港湾・空港の物流情報を統合的に管理できるプラットフォームシステムとして利便性向上が図られている（**図 2.81**）。

　クロスカルチュラル・コンピューティングは，日本と外国というような国ごとの壁をなくすものと捉えられがちであるが，このように航空と船舶のような分野間の壁をなくすものも広義の意味で含まれる。NACCS のようなシステム統合で分野間の壁をなくすことは，ユーザの一元的利用につながるので有益である。ただし，システムの統合は壁をなくすことになるが，大きなシステムになるし，当初は統合前の使い勝手（ユーザビリティ）の壁をなくしていくことも重要なテーマとなる。こうしたシステムの統合は難しい面もあるので，十分な注意が必要である。

2.3　軽薄短小なサービスによる未来の交通運輸

　以上のように，交通運輸情報の関連技術は各交通運輸分野で有効に使われている。いずれも交通運輸情報技術が重厚長大なインフラの増備を抑えることに成功し，「情報」で交通の運営管理者・エンドユーザのわれわれ生活者の移動支援を行なう方向で環境改善に貢献していることがわかる。近未来の交通運輸のサービスデザインを考えるうえで，各種情報技術が必須であることは確実である。まさに交通運輸情報技術は，重厚長大なインフラを，軽薄短小な情報重視によるサービスへパラダイムシフトさせることに成功した。むろん，上記で紹介してきたさまざまな例は，紙面の関係もあり代表的なものだけである。読者の皆さんには，交通運輸情報技術の現状と最新のアイディアを学んでもらえたと思うが，技術革新も必ずある。筆者は皆さんに，技術革新を追いながらニーズ志向の交通運輸情報技術の概念構築を行なってほしいと思っている。どんなに技術がすぐれていても，経験上ニーズとずれていたらその技術は社会に溶け込まないことをよく知っているからである。つねに市民の価値観と技術，制度のトライアングルを意識しながら交通サービスをデザインすることが，環境整

備の必須条件となる。

　折りしも，本書を書いている 2017 年 6 月 1 日午前 9 時 17 分，政府の準天頂衛星みちびき 2 号機を搭載した H2 A ロケット 34 号機が，鹿児島県種子島宇宙センターから打ち上げられた。衛星を予定の軌道に投入して，打ち上げは成功している。最大の意義は，日本版 GPS（衛星利用測位システム）を担う衛星であることで，来年度から高精度な位置情報が得られるようになる。みちびきは，電波で地上の位置を計測するための測位衛星である。従前のアメリカが開発した GPS は，日本でもカーナビゲーションやスマートフォンなどで広く利用される。しかし，10 m の計測誤差があり，今回のみちびき 4 基を GPS と併用することで，最小で誤差 6 cm まで抑えることができる。具体的に今回の 2 号機に続き 3，4 号機を年内に打ち上げ，2010 年から運用の初号機と合わせることで 4 基体制を構築する。

　アメリカの GPS の起源は軍事目的である。仮にアメリカが政治的・軍事的な意図で GPS の利用を制限したり，わざと誤差を調整したりすることも想定され，これにより深刻な影響が日本に及ぶことも想定される。ゆえに，日本が自国で測位衛星を構築する動きは正しい選択で，2011 年にみちびき本格運用を決めた。

　みちびきは，日本のほぼ真上（準天頂）を長い時間飛行できる特殊な楕円軌道を周回することで，高い精度の計測を実現する。高精度の位置情報は，交通の分野に大きな効果をもたらす。たとえば，正確な位置情報の把握により，車の自動運転に大きな道が開ける。農作業の効率化や離島・被災地への小型無人飛行機での物資輸送にも道が開け，交通や物流を中心に幅広い応用が今後期待されている。

　こうして時空間の情報把握の精度が高まりをみせている。時空間の情報把握の精度が高まれば，鉄道や自動車などの移動体やわれわれ生活者から発信されるさまざまなビッグデータも精度と質が高まる。そのビッグデータが解析されることから生活者のニーズもより正確に把握でき，ユビキタスな情報提供やウェブサービスの進化，クロスカルチュラルな情報環境の構築につながる。こうした交通運輸情報関連のよい技術サイクルができつつあることを皆さんにも熟知してほしい。

第3章
「個」を重視した新しいサービス

3.1 量から質，集団から個人へのサービス

　前章では，交通運輸情報技術が交通や物流の運用管理者，またエンドユーザであるわれわれ生活者にもたらしているさまざまな変化について，事例をあげて紹介した。重厚長大なインフラの整備を脱却し，パソコンやスマートフォンの所有者増加を前提にした，よい意味での軽薄短小なサービスデザインにシフトしていることを読者の皆さんも熟知したことと思う。そして，ここからは少し未来に向けた交通運輸環境の新しいサービスデザインについても見ておきたいと思う。いわゆる「シビルミニマム」（最低限の量的な環境整備）から，少子高齢化・人口減少を念頭に置いた「アメニティミニマム」（最低限の質的な環境整備）に社会の志向が変化し，最近ではサービスの多様化をはかり，「個」を強調したサービスデザインを行なう事例も増えている。この近年の傾向について諸動向を見ていきたい。

3.2 鉄道サービスの差別化と革新

　鉄道サービスで，最大の「個」を重視したサービスの変化は，プライベート空間の提供である。その最たるものが，JR東日本を中心に展開されている新幹線の「グランクラス」である。1編成に1車輌，18席のみ用意されている，個を尊重した空間である。従来からのグリーン車のさらに上級車であり，コンセントが付いて集中して仕事をすることもでき，ゆったりくつろぐこともでき

る。乗車すると，和食か洋食の軽食をいただくこともでき，アルコールを含めてドリンクが自由にお代わりできるシステムである。アテンダントがサービスにつとめる。

じつは筆者も，この本をおもに書いた2017年の5～6月に東北や北海道に出張することがあり，長距離移動の間に執筆しようと3回ほどグランクラスに乗車した。従来から筆者はグランクラスを愛用しているが，これは「走るオフィス」であるからに他ならない。周囲を気にすることなく，移動中に執筆ができることは，大学教員・研究者・物書きである筆者には何物にも代えがたい時間と空間である。むろん，旅行で利用する高齢者もいるし，混雑する空間との隔離をねらう若い女性の利用も頻繁に見られる。こうしてコストを払ってでも「個」を重視する傾向は近年顕著になっており，それに見合ったサービスデザインが1つの重要な流れになっていることを皆さんにもぜひ知ってほしい（図3.1, 3.2）。

他にも，こうした「個」を重視する傾向にならい，通勤電車に有料で快適な

図3.1　電車の「ファーストクラス」と呼ばれる新幹線のグランクラス
最上級の大型革張りシートで1編成18席のみであるが，東京から新青森・新函館北斗などの遠距離区間では満席になることも少なくない（筆者調査による）。すなわち，「個」の空間を重んじるニーズにも合っていると考えられ，今後の展開も期待される。仕事にも活用でき，アテンダントによるきめ細かいサービスなどが特徴的である。

3.2 鉄道サービスの差別化と革新　105

図3.2 まだ新幹線のない1958年に登場した東海道本線東京－大阪・神戸間のビジネス特急「こだま」のシート

　当時，大阪寄りの1号車に普通のグリーン車よりも豪華な「パーラーカー」のクロ151形を連結したことで注目された。パーラーカーは比較的短命に終わり，高度成長時代の大量輸送時代には豪華車輌が消えたが，近年，少子高齢化・人口減少時代となり，グランクラスの登場へと発展した。

車輌を入れる例が増えている。たとえば，西武鉄道のSライナーや東武鉄道のTJライナー，京浜急行電鉄のウィング号などがあげられる。これらの列車は，整理券や座席指定券で着席を保障するとともに，ときに高いストレスともなる混雑列車からの解放を支援するものである。こうした列車が登場しはじめたの

図3.3 着席が通勤時に保証される有料列車，京浜急行ウィング号の車内
［写真提供：京急電鉄］

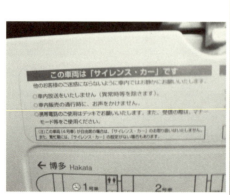

図3.4 サイレンス・カーとシネマカー

　山陽新幹線では利用者ニーズに合わせ，車内放送などがないサイレンス・カーや，映画の見られるシネマカーが実施されてきた．編成中の車輌をニーズに合わせて性質を異なるものにするアイディアは，他の多くの列車で有用である．

も，「個」を重視する志向によるものである．こうして長距離列車，短距離の通勤列車の双方に「個」重視のニーズに合う車輌が投入されはじめている．車内の空間をどのようにニーズに合うようバリエーションをもたせるかが重要である（図3.3，3.4）．あわせて，有料列車の利用者限定で，スマートフォン乗車券などを併用したパーソナルな情報サービスやクーポンなどの提供も可能で，サービスの幅も広げられる．

3.3　バスサービスの差別化と革新

　バスについても，鉄道と同様に「個」を重視した車内の空間づくりが進んでいる．その最先端をいくのが，関東バス株式会社や両備バス株式会社が導入した"Dream Sleeper"である．大阪門真と東京池袋を結んでいる路線に投入された完全個室型夜行高速バスで，11室のみが用意されている．Dream Sleeperの最大の特徴は，熟眠を支援するゼログラビティシートである．筆者もこの

Dream Sleeperを関西に出張する際に愛用しており，熟眠感を得られるとともに，室内の個室空間で原稿の執筆などを気兼ねなくできることが，チョイスの理由である。

　最大の特徴であるゼログラビティシートは，浮遊感を感じながら深く眠ることができるシートである。現在の法規では，安全性の担保の関係から，バスで寝台列車のようなフルフラットな状態は認められていない。しかし，「腰の位置から110度，胸の高さまで太ももを上げる」というゼログラビティ角度こそ本当に寝心地のよい姿勢であり，ここに目をつけて座席を開発している。布団会社の昭和西川によるムアツフトンの「点で体を支える」技術も用いることで，寝返りを打たなくても身体に負担がかからないように工夫されている。まさに「胎児がお腹の中にいる状態」を再現する座席と紹介されるのがゼログラビティ

図3.5　関東バスの"Dream Sleeper"の室内

　完全個室になっており，技術を集めたゼログラビティシートで熟眠感が得られるように工夫されている。運賃は片道15,000〜20,000円だが，新幹線代とホテル代を足して夜の時間を有効に利用できること，車内で仕事ができることから，ビジネスマンにも人気が高い。[関東バス株式会社（https://www.kanto-bus.co.jp/nightway/dream-sleeper/）より許諾を得て転載]

シートである。アメリカ航空宇宙局（NASA）での関連研究成果も取り入れられており、最新科学技術が注力されたシートである。むろん、個室ゆえに運賃の総額は高価になるが、完全個室になっていること、科学技術の粋を集めたシートをはじめとした車内ゆえに、支払意思をもつ人も少なからず存在する。たとえば「バスのグランクラス」であるが、鉄道寝台列車が風前の灯になっている状況で夜間移動のサービスの選択肢をバスが提供するというのはおもしろいパラダイムシフトでもある（図3.5）。ほかにも、利用者の多い東京−大阪間には、個室ではないがプライバシー重視型のシートを用いた高速バスが増加しており、今後はこうした動きが主流になる。

3.4 タクシーサービスの差別化と革新

　タクシーは公共交通機関ではあるが、もともとが個室性の強い空間であり、先述してきたような時空間情報技術・スマートフォンなどを用いたタクシー配車依頼など、情報技術の活用による個別サービスが強化されてきた。また、道路交通でもバスとは異なり小型車での運用となるため、自動運転技術を伴った電動車輌になり、無人化サービスすることが国際的に標榜されている。たとえ

図3.6　イギリスの Urban Light Transit Personal Electric Transportation Pods（ULTra PRT System）
　未来のタクシーを占ううえで重要なテクノロジーだ。［グローバルリスクコミュニケーション trends-watcher ホームページ（https://www.trendswatcher.net/may-2015/science/パーソナル交通機関ultraの未来度/）より許諾を得て転載］

ば，ロンドン北部に位置する小さな街ミルトンケインズ（Milton Keynes）では，主要駅やショッピングセンター，オフィスパークなどをつなぐ移動手段としてカプセルのようなポッド型自動運転車100台の正式導入を発表している。この小型電気自動車は，Urban Light Transit Personal Electric Transportation Pods（ULTra PRT System）と名づけられている。ULTraは，スマートフォンのアプリで呼び出すことができる。専用レーンを時速12マイル（時速20 km）で走り，定員は4名である。ショッピングバッグやベビーカーなども運べる。ユニークなのは，専用のレーンを走ることであるが，普通の道路上も自動運転できれば，幹線は専用路で，枝線は普通の道路という，ミックス走行も可能となるシステムである。こうした自動運転をベースにしたタクシーが，未来のサービスデザインでは必須になる。運転手の人件費抑制が可能になり，緊急時にのみ運行管理センターのスタッフと車内でコミュニケーションがとれるようにすればよくなる（図3.6）。

3.5　道路サービスの差別化と革新

　道路サービスのデザインも，今後は電気自動車の普及や自動運転化を避けて通れなくなる。たとえば，道路そのものを給電システムにする研究開発がすでに始まっている。電気自動車は電池技術が思うように伸びずに，信頼性を疑問視する向きもある。しかし，充電なしで走りつづけられる未来の道路が開発されることで，その疑念も払拭される。イスラエルで開発されている"Electroad"は，道路自体が電源になっている。車道を掘り給電用の機器を埋め込み，その上を走る電気自動車に直接，電力を供給するシステムである。スマートフォンでのワイヤレス充電のイメージであり，車車間でのエネルギー共有もできるようになっている。電気自動車の蓄電池への疑念を徹底的に払拭する道路システムを考えている。再生可能エネルギーを使うことで，環境への負荷も最小限にすることができ，電気自動車時代のエコシステムとして注目されている。自動車に大容量蓄電池を積む必要もなくなり，車を軽量化できるのも魅力である（図3.7）。

　ほかにも，自動運転，さらには空飛ぶ自動車の構想も出てきている。これに

110　第3章　「個」を重視した新しいサービス

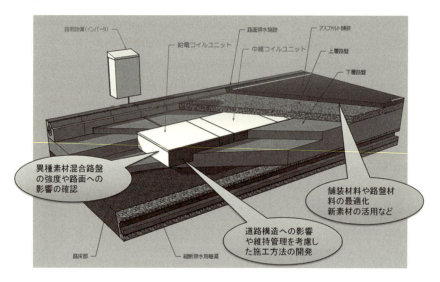

図3.7　道路から電気自動車への非接触給電
　電気自動車がその道路を走るだけで給電されるしくみを研究。[国土交通省国土技術政策総合研究所・社会資本マネジメント研究センター社会資本情報基盤研究室（http://www.nilim.go.jp/lab/qbg/bunya/foundation/wtps.html）より許諾を得て転載]

図3.8　トヨタが発表した自動運転での安全支援システムのイメージ
　[日本経済新聞電子版（2013年10月11日付）「トヨタ，高速道路を自動運転，2010年代半ばの実用化目指す」より許諾を得て一部転載]

図3.9 いずれは空飛ぶ自動車が一般化されるかもしれない
そのためにも，道路付帯の設備として，小さい飛行場をつくることが当たり前になるかもしれない。
［出典：かわいいフリー素材集いらすとや（http://www.irasutoya.com/2016/09/blog-post_593.html）］

より道路環境も，図3.8や図3.9に示すように大きく変わっていくものと予想される。

3.6 航空サービスの差別化と革新

　航空関係では，機内でのサービスデザインに変革が起きている。われわれは空の上で長い時間を過ごすことになるが，そのなかでのイライラを軽減して，気持ちよく過ごせる工夫に将来への関心が向いている。たとえば，ドイツのハンブルクで開催された「2017年 エアクラフト・インテリアズ・エキスポ」では，パリに本拠を置くアルトランが，飲み物と軽食の注文を前もって受け付け，座席の列まで運べる配膳ロボットを披露している。機内で飲料用カートを動かすアテンダントをつかまえられずに困ることがしばしばある。これを問題意識とした自動運転カートであり，ロボットが通路を適宜往復し給仕する時代もそこまで来ている。フライトの終了時にはゴミも収拾できるようになっており，乗務員サイドも安全維持やリスク管理などのいっそう重要な問題に集中できる（図3.10，3.11）。
　フランスのリヨンに本拠を置くビジョン・システムズは，機内の窓を乗客がフライトの詳細チェック，飲み物注文，その他の情報娯楽スクリーンに使える

112　第3章　「個」を重視した新しいサービス

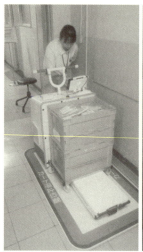

図 3.10　筆者が開発に携わった荷物運搬システム
これを自動化して配膳などに活用できる。

図 3.11　筆者が開発に携わった荷物運搬システム
これにモニターを付けて，機内で乗客の好みなどを確認しながらサービスすることも可能である。

ようなおもしろい技術を提案している。これも情報技術の一種の応用である。航空会社にとっても，機内の広告収入増収を図る場として使用可能である。

3.7 船舶サービスの差別化と革新

　船の場合は，未来デザインとして主動力をディーゼルエンジンからモーターにして電動化し，エコデザイン化を推進する方向にいくことがメインテーマになる。たとえば日本郵船は，海上輸送での二酸化炭素排出削減をめざして，未来のコンセプトシップ"NYK スーパーエコシップ2030"を考案し，技術仕様やデザインを公表している。このプロジェクトでは，2030年をめどとして論理的には可能であるが，いまだ船舶用に商業化されていない技術が盛り込まれている。まさに，実現が近未来に向けてできそうな実現度の高い夢の技術を盛り込んでいる。

　具体的に，船体重量軽量化や摩擦抵抗削減で必要な推進力を低減することや，LNG（Liquefied Natural Gas，液化天然ガス）をエネルギー源とする燃料電池や太陽光発電，風力から推進力を獲得することで，1コンテナあたりの二酸化炭素排出量を現在と比較して69％削減できると予測している。船舶事業の重要

図3.12　日本郵船が海上輸送での二酸化炭素排出削減をめざしてまとめた未来のコンセプトシップ"NYK スーパーエコシップ2030"のイメージ
　　エコデザインを中心的にめざしており，「船の電動化」という重要な未来テーマに挑戦している。［日本郵船ホームページ（http://www.nyk.com/release/5/NE_090416.html）より許諾を得て転載］

課題である燃費低減とエコデザイン実現を同時に達成するアイディアである（図 3.12）。

第4章

都市交通サービスのさらなる未来像を描くために
－イノベーション融合実践のすすめ－

　第2章と第3章で見てきたように，未来の交通運輸サービスの三大キーワードは，「情報技術活用」「エコデザイン技術活用」「福祉技術活用」となる。エコデザイン技術については拙著『近未来の交通・物流と都市生活－ユニバーサルデザインとエコデザインの融合－』（慶應義塾大学出版会，2016年），福祉技術の活用については同じく拙著『福祉技術と都市生活』（慶應義塾大学出版会，2017年）をご覧いただきたい。要は，「交通運輸情報」に軸足を置いた本書を含む三部作を読むことで，統合的に未来の都市交通運輸を占えるように配慮し，執筆している。これらの技術を個々に進展させたり，それぞれのイノベーションの成果を戦略的に融合させたりして新しい価値をつくりだし，近未来の交通運輸環境にフィードバックをすることが，筆者から読者の皆さんにも期待したいことである。

　たとえば筆者は，ことあるごとに，「未来の建築物には電気自動車が入るようになるから建築の先生は覚悟してね」と交通運輸の専門家として講演などで話している。聴衆は，突拍子もないことをいう人だ，という顔でしばしば講演者の私の顔を見ている。しかし，排ガスが出ず騒音もない電気自動車であれば，建物の中に入るストーリーは十分にありうる。技術的にも無理はないわけである。自動運転技術は，コンピューティング環境を搭載する観点で電気自動車とも相性がよく，自動運転機能が付いた電動のバスやタクシーなどが建物の中に入れば，高齢者や障がい者の乗り換え抵抗もなくなる。電動の救急車ができれば，緊急処置室の近くまでアクセスしやすくなる。こうして，自動運転の情報技術，電動車輌のエコデザイン技術，さらには福祉技術の観点，それぞれのテクノロジーのイノベーションを融合させれば，新しい建築物の価値が生まれて

第4章　都市交通サービスのさらなる未来像を描くために

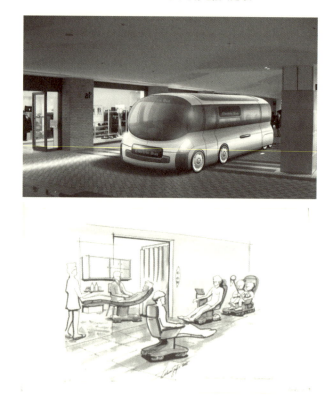

図 4.1　近未来，自動運転の電動車輌が建物の中を走るようにできる

きて，移動抵抗のない真のユニバーサルデザイン，ユニバーサルソサエティが誕生する（**図 4.1**）。

　読者の皆さんに主張したいことは，とにもかくにも自身の関心のテーマでよいので，あらゆる社会のイノベーションの成果を足し合わせてみたらどのような新しいサービスデザインができるか，を考えてほしい。上記のような筆者自身の研究経験から，それぞれのイノベーションを融合させるマインドは，ときにユニークで斬新なアイディアを生み出すといえる。筆者は，大学の学生やときどき呼ばれる高校生への講義でも，「イノベーション融合のすすめ」を説いている。未来の交通運輸サービスは，そうした方法で新しい価値が生まれると想像する。

おわりに

　本書では，交通運輸情報技術およびその付帯技術の進展を事例に基づき紹介し，よい意味での「軽薄短小な交通運輸サービスのデザイン」について読者の皆さんと考える内容にした。交通運輸学を学ぶ際に，「交通とは物・情報・場を獲得するためにある生活に不可欠なもの」という定義を習う。まさにわれわれのような生活者にとっての必須環境である。ゆえに，読者の皆さんにも他人事ではなく自分事として捉えて未来の交通運輸ビジョンを描き，中央・地方を問わず都市生活のクオリティ向上を考えてほしい。温故知新という言葉があるが，古きを知り新しい世界を描くにしても，事前のビジョンがなければ，つくったシステムに魂が入らない。現場のニーズを調べて分析しシミュレーションする「調査法」「統計解析法」「シミュレーション法」の三法に基づいて，ていねいに未来の交通運輸ビジョンをユーザ志向で描くことが大切である。そのうえで，イノベーションの成果の融合で新しい価値を導出して，さらなる変革をめざす必要がある。その核が，本書がテーマとした「情報技術」と，関係書で筆者が書く「エコデザインの技術」と「福祉技術」である。筆者は，前記した本書を含む三部作で，イノベーション融合の核は具体的に示せたと思っている。これからその3つの核に基づき，具体的にイノベーション融合を図り，新しいサービスデザインを行なうのは読者の皆さんである。その果敢な挑戦に期待して，本書を終わりたいと思う。

謝辞

　本書の執筆にあたり，企画段階から慶應義塾大学出版会の浦山毅さんにはたいへんお世話になった。この場を借りてまずは厚く御礼申し上げる。また本書の成果は，筆者と多くの方々の研究上のコラボレーションに成り立つものである。紙面の都合上，皆さんのお名前や機関名をめいめいあげるわけにはいかないが，心より厚く御礼を申し上げる次第である。本書の社会への貢献で恩返しとさせていただきたい。

参考文献について

　本書の内容は，ほかに類書などもなく，参考文献になるものはきわめて少ないが，筆者が所属していた慶應義塾大学 JR 東日本寄附講座では，年度ごとに研究成果をまとめた「交通運輸情報プロジェクトレビュー」を 1990 年度から毎年度発行している。これは一部の内容に限られるが，http://jre.sfc.keio.ac.jp/active.php でインターネットでも見られるようになっており，検索いただければ幸いである。これをご覧いただくことから，交通運輸情報研究の世界観が理解いただけるものと思う。

索　引

【英字】

AI ………………………………… iii
AR …………………………………93
Artificial Intelligence ……………… iii
CVM（仮想市場法）…………………23
Dream Sleeper ………………… 106
Electroad ……………………… 109
Facebook ……………………………35
GIS …………………………………25
GPS…………………………………25
ICT …………………………………57
Instagram ……………………………35
IoT（Internet of Things）…………… iii
LCC…………………………………16
LNG ……………………………… 113
mixi…………………………………35
MR …………………………………95
NFC …………………………………49
SNS …………………………………35
YouTube ……………………………35
Twitter ………………………………35
ULTra ………………………… 109
ULTra PRT System ……………… 109
Urban Light Transit Personal Electric
　Transportation Pods …………… 109
VR …………………………………93
Waze ………………………………78

【あ行】

相磯秀夫教授…………………………21

アメニティミニマム………………… 3
アルゴリズム…………………………24
意思決定……………………………… iii
イノベーション融合…………………76
インフォマティクス…………………22
インフラストラクチャー…………… 1
インホイールモーター式……………58
ウェアラブルコンピューティング………24
ウェブサービス…………………26，37
エコシステム…………………………83
エコデザイン…………………………38
オリンピック…………………………19

【か行】

仮想市場法（CVM）…………………23
カーナビゲーションシステム…………70
機械学習……………………………… iii
空港施設破損…………………………15
クーポン発行サイネージ……………33
クラウド・コンピューティング………26
グランクラス…………………103、104
クロスカルチュラル・コンピューティ
　ング…………………………………26
経営支援システム……………………42
軽薄短小………………………………20
航空……………………………………14
航空機の機体の高齢化………………16
交通運輸情報………………………iv，25
交通運輸情報論………………………21
交通系 IC カード ……………………22

120　索引

コグニティブ………………………55
コグニティブ・コンピューティング
　システム………………………55
コードナンバー…………………81
コトのデザイン…………………57
コンジョイント分析……………23

【さ行】

サービス学………………………iv
サービスデザイン………………103
ジェットフォイル………………18
時空間コンピューティング……50
時空間コンピューティングシステム……25
自動運転…………………………109
自動車……………………………8
シビルミニマム…………………2
集客学……………………………33
重厚長大…………………………20
少子高齢化………………………5
情報提供手法……………………24
信号制御機………………………11
人工知能…………………………iii
深層学習（ディープラーニング）………iii
スマートフォン…………………33
生存権……………………………2
セキュリティ……………………42
セーフティマップ………………73
ゼログラビティシート…………107
ソーシャル・コンピューティング………26
ソーシャルメディア……………42
ソフトウェア……………………24
空飛ぶ自動車……………………109

【た行】

太陽光発電………………………113
大容量蓄電池……………………109

タクシー…………………………12
中央自動車道笹子トンネル……10
ディープラーニング（深層学習）………iii
デジタルサイネージ……………33
デジタル時刻表…………………54
デジタル通信ネットワーク……83
データ収集・分析法……………24
鉄道………………………………3
道路パトロール…………………77
都市生活…………………………v，117

【な行】

ナショナルミニマム……………1
燃料電池…………………………113

【は行】

バイオカート……………………89
走るオフィス……………………104
バス………………………………12
バス車輌の老朽化………………11
パラリンピック…………………19
光ファイバーケーブル…………83
ビッグデータ……………………26
ヒューマンインタフェース……24
フラッグ QR……………………60
ブロードバンドネットワーク…83
歩行者シミュレーション………36

【ま行】

マルチメディアシステム………25
マルチメディアホームドア……32
見えバス…………………………47
みちびき 2 号機…………………102
免許返上…………………………19
メンテナンスフリー……………6
モータリゼーション……………5

モデリング・シミュレーション法………24
モノのデザイン………………………57

【や行】
ユニバーサルソサエティ………………22
ユニバーサルデザイン…………………23
ユビキタス・コンピューティング………26

【ら行】
ライドシェア……………………………66
ライブカメラ……………………………76
ライフサイクル……………………… 6
老化現象………………………………… 1
老人性難聴………………………………17

西山敏樹（にしやま・としき）

東京都市大学都市生活学部・大学院環境情報学研究科准教授。
1976 年東京生まれ。慶應義塾大学総合政策学部卒業，同大学大学院政策・メディア研究科修士課程修了，同後期博士課程修了。2003 年博士（政策・メディア）。2005 年慶應義塾大学大学院政策・メディア研究科特別研究専任講師，2012 年同大学大学院システムデザイン・マネジメント研究科特任准教授を経て，2015 年より現職。慶應義塾大学 SFC 研究所上席所員，成城大学共通教育センター非常勤講師，日本イノベーション融合学会専務理事，ヒューマンインタフェース学会評議員なども務める。専門は，公共交通・物流システム，ユニバーサルデザイン，社会調査法など。
主要著作：『アカデミック・スキルズ　データ収集・分析入門——社会を効果的に読み解く技法』（共著，慶應義塾大学出版会，2013 年），『アカデミック・スキルズ　実地調査入門——社会調査の第一歩』（共著，慶應義塾大学出版会，2015 年），『近未来の交通・物流と都市生活——ユニバーサルデザインとエコデザインの融合』（編著，慶應義塾大学出版会，2016 年），『インホイールモータ——原理と設計法』（共著，科学情報出版，2016 年），『大学 1 年生からの研究の始めかた』（慶應義塾大学出版会，2016 年），『福祉技術と都市生活——高齢者・障がい者・外国人・子どもと親への配慮』（慶應義塾大学出版会，2017 年）ほか。

交通サービスの革新と都市生活
——行動の意思決定を有効に支援する技術

2017 年 10 月 14 日　初版第 1 刷発行

著　者―――西山敏樹
発行者―――古屋正博
発行所―――慶應義塾大学出版会株式会社
　　　　　　〒 108-8346　東京都港区三田 2-19-30
　　　　　　TEL〔編集部〕03-3451-0931
　　　　　　　　〔営業部〕03-3451-3584〈ご注文〉
　　　　　　　　〔　〃　〕03-3451-6926
　　　　　　FAX〔営業部〕03-3451-3122
　　　　　　振替　00190-8-155497
　　　　　　http://www.keio-up.co.jp/
装　丁―――川崎デザイン
印刷・製本――株式会社加藤文明社
カバー印刷――株式会社太平印刷社

©2017　Toshiki Nishiyama
Printed in Japan　ISBN 978-4-7664-2478-2

慶應義塾大学出版会

近未来の交通・物流と都市生活
―― ユニバーサルデザインとエコデザインの融合

西山敏樹編著　早くて、便利で、サービスも行き届いた交通とは？　実践事例として、電動低床フルフラットバス、病院内自動運転車、農都共生支援システム、IoTタグ交通運輸情報システム、小型無人ヘリコプターを紹介。自動運転、蓄電池などの未来技術にも言及。
◎2,700円

福祉技術と都市生活
―― 高齢者・障がい者・外国人・子どもと親への配慮

西山敏樹著　誰もが快適に過ごせる都市環境をつくろう！　「高齢者」「障がい者」「外国人」「子どもとその親」という新しい4つの視座で、最適な福祉技術を考える。障がい者差別解消法でいう"合理的配慮"にも言及。◎2,700円

表示価格は刊行時の本体価格（税別）です。